FRANCESCO MATTESINI

IL DISASTRO DI TOBRUK
LA PIANIFICAZIONE DELLE OPERAZIONI BRITANNICHE "DAFFODIL" E "AGREEMENT"

AUTORE

Francesco Mattesini, nato ad Arezzo il 14 aprile 1936, residente a Roma dall'estate 1951, ha prestato servizio, tra il febbraio 1958 e il luglio 1999, presso il IV Reparto dello Stato Maggiore dell'Esercito. Studioso ed esperto di guerra aeronavale, ricercatore abile e meticoloso, già attivo collaboratore del Giornale d'Italia per il quale ha curato la rubrica *"Verità Storiche"*, ha scritto, svelando molti retroscena, numerosissimi articoli di carattere politico-militare su quotidiani e stampa specializzata, ed ha pubblicato, negli anni '80, con editori privati, i volumi *"La battaglia d'Inghilterra"*; *"Il giallo di Matapan"*; *"La battaglia aeronavale di mezzo agosto"*; e con coautore, ma soltanto per la parte politica, il Prof. Alberto Santoni, *"La partecipazione tedesca alla guerra aeronavale nel Mediterraneo"*, alla seconda edizione, (2005), di cui ha curato tutta la parte della ricerca, operativa, statistica e grafica. Collaboratore dell'Ufficio Storico della Marina Militare, dal quale ebbe l'incarico di effettuare una severa e precisa revisione storica dei libri pubblicati negli anni 1950-1980, Mattesini ha pubblicato *"La battaglia di Punta Stilo"*; *"Betasom. La guerra negli Oceani"*; *"La battaglia di Capo Teulada"*, *"L'Operazione Gaudo e lo scontro notturno di Capo Matapan"*; *"La Marina e l'8 Settembre"*, in due tomi; e i primi quattro volumi della collana *"Corrispondenza e direttive tecnico operative di Supermarina"* (1939-1941), oltre a 60 saggi per il Bollettino d'Archivio dell'Ufficio Storico della Marina Militare. Contemporaneamente, per l'Ufficio Storico dell'Aeronautica, Mattesini ha realizzato la collana in due volumi (quattro tomi), *"Le direttive tecnico operative di Superaereo 1940-1943"*, e il volume *"L'attività aerea italo-tedesca nel Mediterraneo, gennaio-maggio 1941"*.

Nel 2019-2020 Mattesini ha pubblicato *"Luci e ombre degli aerosiluranti italiani Agosto 1940 – Settembre 1943"*; *"La battaglia aeronavale di mezzo-agosto"* rielaborata e aggiornata; *"Punta Stilo 9 luglio 1940, 80° anniversario della prima battaglia aeronavale della storia"*; *"L'agguato di Matapan"*. È socio da moltissimi anni della Società di Storia Militare (SISM) e della Associazione Italiana Documentazione Marittima Navale (AIDMEN), per le quali ha prodotto diversi saggi, e molti altri nella sua pagina del sito Academia Edu. Per Luca Cristini editore a oggi ha al suo attivo quasi una decina di titoli, tra cui *"La notte di Taranto dell'11 novembre 1941"* e *"La battaglia di Creta maggio 1941"*.

Francesco Mattesini, born in Arezzo (Italy) on April 14, 1936. He moved to Rome in July 1951. He served, as civilian employee, at the Italian Army General Staff, 4th Department, from 1959 to 2000. Collaborator of the Historical Offices of the Italian Military Navy and the Air Force Historical Office, for which 20 books and about 60 essays were produced. He is currently retired, always living in Rome.

LICENSES COMMONS

This book may utilize part of material marked with license creative commons 3.0 or 4.0 (CC BY 4.0), (CC BY-ND 4.0), (CC BY-SA 4.0) or (CCO 1.0). We give appropriate attribution credit and indicate if change were made in the acknowledgements field. All our books utilize only fonts licensed under the SIL Open Font License or other free use license.

la gran parte parte delle immagini qui riprodotte provengono dagli archivi pubblici italiani di esercito, marina e aviazione, dove l'autore ha prestato servizio per tanti anni, o da fonti di libero utilizzo per raggiunto status di pubblico dominio.

Related all the British navy or RAF image of the book the expiry of Crown Copyrights applies worldwide because: It is photograph taken prior to 1 June 1957 and/or It was published prior to 1970 and/or It is an artistic work other than a photograph or engraving (e.g. a painting) which was created prior to 1970.

For a complete list of Soldiershop titles please contact Luca Cristini Editore on our website: www.soldiershop.com or www.cristinieditore.com. E-mail: info@soldiershop.com

IL DISASTRO DI TOBRUK LA PIANIFICAZIONE DELLE OPERAZIONI BRITANNICHE "DAFFODIL" E "AGREEMENT"
Di Francesco Mattesini. A cura di Luca Cristini. ISBN code: 97888932726276 - eBook 9788893276283
Traduzione in inglese di Alberto Galli.
Prima edizione settembre 2020   Code.: **SPS-066**   Cover & Art Design: Luca S. Cristini & Anna Cristini
STORIA is a trademark of Luca Cristini Editore, via Orio 35/4 - 24050 Zanica (BG) ITALY. www.soldiershop.com

IL DISASTRO DI TOBRUK
LA PIANIFICAZIONE DELLE OPERAZIONI BRITANNICHE "DAFFODIL" E "AGREEMENT"

DI FRANCESCO MATTESINI

INDICE

La pianificazione dell'operazione "Agreement".. Pag. 5

I compiti assegnati alle varie unità impegnate nell'operazione "Daffodil"................. Pag. 13

I movimenti delle Forze Navali britanniche e le previsioni dei Comandi dell'Asse...... Pag. 21

L'inizio dell'attacco britannico a Tobruk... Pag. 27

Il fallimento delle motosiluranti britanniche di forzare l'entrata del porto di Tobruk... Pag. 41

L'affondamento del cacciatorpediniere SIKH.. Pag. 45

Gli attacchi dell'Aviazione dell'Asse.. Pag. 63

Le informazioni crittografiche dell'organizzazione Ultra.. Pag. 91

L'operazione "Hyacinty": l'attacco del LRDG all'aeroporto di Barce....................... Pag. 95

Il fallimento delle operazioni "Bigamy" e "Nicety" per attaccare il porto e gli
aeroporti di Bengasi e conquistare l'oasi di Gialo... Pag. 103

L'operazione "Anglo": l'attacco dei sabotatori dello Special Boat Section
aeroporti di Rodi nella notte del 13-14 settembre 1942... Pag. 111

Le considerazioni di Supermarina.. Pag. 115

Conclusioni... Pag. 123

LA PIANIFICAZIONE DELL'OPERAZIONE "AGREEMENT"

Dopo la travolgente offensiva terrestre delle forze dell'Asse in Egitto, iniziata il 24 maggio 1942 ad Ain el-Gazala (Cirenaica) per poi arrivare, dopo la conquista di Tobruk del 20 giugno, fino alle fatali dune di El Alamein (50 chilometri ad ovest di Alessandria), ai primi di agosto i comandi militari britannici del Medio Oriente studiarono come poter alleggerire la pressione dell'Asse sul fronte. E quindi costringere il feldmaresciallo Erwin Rommel, comandante dell'Armata corazzata italo-tedesca, a distaccare altrove una parte delle sue forze che fronteggiavano l'8ª Armata del generale Bernard Montgomery, il quale assunse il comando il giorno 13 del mese[1].

Nacque così l'operazione "Agreement", su un piano concepito dal tenente colonnello John Edward Haselden, comandante del "Long Ranger Desert Group" (LRDG), il reparto specializzato nelle opere di sabotaggio e colpi di mano operante nel deserto, costituito nel 1940. L'"Agreement" si inquadrava in una più complessa serie di altre operazioni, battezzata "Big Party", intesa a provocare scompiglio, panico, disservizi e distruzioni delle organizzazioni logistiche dell'Asse, mediante azioni in profondità di guastatori, destinati ad agire contro aeroporti, centri logistici e le linee di comunicazioni terrestri della Cirenaica, fra Tobruk e Bengasi[2].

Nella "Big Party" la più importante operazione era indubbiamente la "Daffodil", da realizzare contro Tobruk, per distruggere le installazioni e i depositi del porto, il più importante scalo dei rifornimenti provenienti in Cirenaica dall'Italia e dalla Grecia. Ma altrettanto importanti erano anche le operazioni "Bigamy" (Snowdrop) per distruggere i depositi di carburanti di Bengasi e attaccare l'aeroporto di Benina; "Haycinth" (Caravan) per distruggere le installazioni militari dell'aeroporto di Barce, nonché la statua di Benito Mussolini; e "Nicety" (Tulip) per conquistare l'oasi di Gialo per il tempo necessario per coprire, via terra, la ritirata delle varie aliquote di sabotatori impegnati nelle citate operazioni.

La pianificazione dell'"Agreement" fu discussa dal Comando del Medio Oriente, al Cairo, sotto la direzione del generale Claude Auchinleck, il quale aveva segnalato al suo quartier generale *"che per realizzare quello scopo sarebbe stato giustificato impiegare ogni e qualsiasi mezzo"*[3].

Ma poco dopo fu confermata, la sostituzione di Auchinleck, voluta dal Primo Ministro britannico Winston Churchill che gli rimproverava un contegno scarsamente aggressivo, e in sua vece fu destinato, quale dal nuovo comandante del Medio Oriente, il generale Harold Alexander. L'operazione "Daffodil" comportava un attacco dalla parte del mare sulla piazzaforte di Tobruk, coordinato con l'azione di una colonna mobile terrestre proveniente dal deserto su camionette.

---

1 Lo Staff di Pianificazione Congiunta del Medio Oriente presentò una proposta sull'attacco a Bengasi e Tobruk il 3 agosto 1942. La parte razionale per entrambe le azioni era riassunta in: *"Il nemico dipende quasi interamente da Tobruk e Bengasi per le sue forniture per l'area di El Alamein, con l'eccezione di circa 300 tonnellate al giorno al massimo a Matruh: tutte le navi e gli impianti portuali di Tobruk e Bengasi possono essere distrutti, questo potrebbe portare alla rapida sconfitta di Rommel da parte delle forze terrestri"*. Nel progetto fu anche stabilito quali dovevano essere le forze da impiegare nell'azione, e come queste avrebbero dovuto operare. Concludendo, nel documento si affermava: *"La distruzione dell'installazione a benzina in entrambi i porti, più in particolare a Tobruk, la notte mette seriamente in imbarazzo il nemico. La misura in cui effettuerebbe l'operazione del nemico dipenderà dalla nostra capacità di affondare le navi cisterna nel porto. Dobbiamo essere pronti ad accettare la perdita di alcune forze navali, insieme a molte delle persone che prendono parte all'operazione"*. Cfr., Peter C. Smith, *Massacre at Tobruk*, William Kimber, London, 1987, pp. 33-35.

2 Stephen Roskill, The War at Sea 1939-1945, vol. II, The period of balance, London, HMSO, 1956, p. 309.

3 Occorre dire che l'idea di effettuare un azione su Tobruk era già stata avanzata da qualche tempo di fronte alle difficoltà incontrate dal generale Auchinleck sul fronte di El Alamein, tanto che l'Ammiragliato britannico aveva proposto di inviare "un cacciatorpediniere per bombardare Tobruk all'alba dopo l'arrivo in quel porto di un convoglio nemico. Il suddetto caccia era destinato al sacrificio. Il Comandante della Mediterranean Fleet, ammiraglio Henry Harwood, *"voleva che all'incursione dell'unità da guerra fosse seguito uno sbarco sulla costa per tagliare le linee di rifornimento di Rommel. La sua idea prevalse su quella dei colleghi comandanti che ritenevano l'incursione [del solo cacciatorpediniere] troppo cruenta e di difficile riuscita"*. Cfr., Michael Carver, *La battaglia di El Alamein*, Baldini & Castoldi, Milano, 1964, pp. 129-130.

Tuttavia essa generò molta perplessità nell'ambito dei comandanti della Mediterranean Fleet e della RAF, ammiraglio Henry Harwood e maresciallo dell'aria Arthur Tedder, perché in effetti l'incursione della "Daffodil" aveva modalità "la cui indiscutibile audacia di esecuzione" era "pari soltanto alla macchinosità ed anche all'ingenuità del piano", che fu accettato dai tre comandanti in capo delle forze armate britanniche del Medio Oriente e poi diramato il 21 agosto 1942[4]. Esso consisteva in un attacco di sorpresa, già pronto per essere attuato nei mesi di luglio e di agosto, e poi rimandato alla notte fra il 13 e il 14 settembre (domenica e lunedì), per usufruire della fase lunare favorevole.

L'operazione "Daffodil", doveva portare ad occupare Tobruk, ad iniziare dallo sbarco, per circa ventiquattro ore, per permettere a reparti di guastatori, secondo il tempo disponibile (si riteneva dodici ore) per la completa distruzione (Demolition Party) degli impianti portuali e delle unità navali: chiatte e mezzi speciali alla fonda nella rada, meno dieci motozattere, le più efficienti da catturare e che dovevano servire per trasportare i prigionieri catturati nel raid e rinforzare il naviglio di sbarco ad Alessandria. Si aggiungeva la distruzione di tutti gli apprestamenti logistici e i depositi della piazzaforte, in particolare le cisterne a prova di bomba contenenti le scorte di benzina di Rommel, e anche delle officine riparazioni carri armati[5]. In questo modo s'intendeva paralizzare l'efficienza della piazzaforte, come porto e base di rifornimento e le possibilità di movimento delle armate italo-tedesche, per lungo tempo[6].

▲ A sinistra, il tenente colonnello John Edward ("Jock") Haselden, ideatore del piano Agreement, morto a Tobruk il 14 settembre 1942. Era nato in Egitto da padre britannico e madre polacco-italiana. A destra, il generale Harold Alexander, comandante in capo del Medio Oriente.

---

4 Mario Montanari, *Le operazioni in Africa Settentrionale*, vol. II, El Alamein, Roma, Stato Maggiore dell'Esercito - Ufficio Storico (d'ora in poi SMEUS), 1989, p. 640.
5 AUSMM, *"Maricolleg Berlino, Piano inglese per lo sbarco a Tobruk (13-14 settembre 1942)"*, Marina Germanica in Italia.
6 S.O. Playfair, *Mediterranean and Middle East*, vol. IV, The Destruction of the Axis Forces in Africa, Londra, HMSO, 1980, p. 20

▲ L'ammiraglio Henry Harwood, comandante in capo della Mediterranean Fleet al centro della fotografia. Era famoso per il combattimento sostenuto nel dicembre 1939 al largo del Rio della Plata, quando con tre incrociatori leggeri affrontò la corazzata tedesca Admiral Graf Spee, costringendola, danneggiata, ad entrare nel porto di Montevideo, dove si auto-affondò.

▼ Il maresciallo dell'aria Arthur Tedder, comandante in capo della RAF del Medio Oriente.

Lo storico navale britannico capitano Stephen Roskill, nel secondo volume nella sua monumentale opera *The War at Sea*, ha scritto che per mezzo di cacciatorpediniere vi era *"l'intendimento di sbarcare i marines sul costone settentrionale della rada di Tobruk mentre le truppe trasportate dalle unità costiere sarebbero sbarcate sul costone meridionale della rada in appoggio ad una colonna terrestre"* proveniente dal deserto.

Dopo aver neutralizzato con il fuoco di artiglieria le difese costiere, i cacciatorpediniere dovevano entrare nel porto, e *"protetti dalle postazioni nemiche di artiglieria"* che dovevano essere catturate e presidiate – *"distruggere il naviglio e le attrezzature del porto e poi reimbarcare i marines ed i soldati"*.

Tuttavia, di fronte alla realtà di realizzare un'operazione nata con troppa presunzione e scarsa considerazione per le capacità di reazione dei difensori di Tobruk, italiani e tedeschi, Roskill aggiunse che *"un assalto frontale con tali debolissime forze certamente appare ora eccessivamente rischioso"*.

Comunque, se l'operazione "Daffodil" fosse riuscita, essa avrebbe avuto conseguenze gravissime per l'andamento del traffico marittimo di rifornimento dell'Asse, anche perché la maggior parte faceva in massima parte scalo a Tobruk, il porto più vicino alla linea del fronte, e da Tobruk partiva anche il traffico delle motozattere che trasportavano carri armati e rifornimenti a Marsa Matruk, e in piena spiaggia anche oltre il più vicino possibile alla linea del fronte terrestre di El Alamein. Un'eventuale interruzione anche di pochi giorni avrebbe costretto i convogli dell'Asse ad inoltrare i rifornimenti marittimi nel porto di Bengasi, che si trovava 260 miglia più arretrato, e che quindi occorreva trasportare mezzi e rifornimenti per l'unica via terrestre, la strada litoranea Balbo, che si trovava soggetta a continui attacchi aerei, specialmente con caccia bombardieri, mentre i bombardieri battevano principalmente porti e aeroporti.

Tuttavia, vi erano ancora molte perplessità per dare corso all'operazione Agreement. Ha scritto, infatti, il generale Alexander nel suo rapporto[8]: *"Poiché le azioni sarebbero state sicuramente molto rischiose, i vantaggi che se ne volevano trarre dovevano essere accuratamente pesati con la probabilità di successo ed il prezzo dell'eventuale fallimento. Di conseguenza, il 3 settembre, riesaminai ancora una volta il progetto assieme all'ammiraglio Harwood, Comandante in Capo nel Mediterraneo, ed il Maresciallo dell'Aria Tedder, Comandante in Capo dell'Aviazione del Medio Oriente.*

In quel momento, i combattimenti erano in pieno svolgimento ad El Alamein. Due settimane di viveri di combattimento era tutto ciò che il nemico era riuscito ad accumulare per la sua offensiva, e sebbene non ci fossero molte speranze di danneggiare i porti in modo irreparabile, un intralcio anche temporaneo ai rifornimenti oltre al fallimento dell'offensiva – ormai scontato – avrebbe potuto essere disastroso per l'armata di Rommel. Anche se le azioni non avessero avuto successo, avrebbero avuto senza dubbio un certo effetto sul morale del nemico e lo avrebbero anche indotto a prendere tutte le precauzioni contro future azioni del genere da parte nostra distraendo forze dalla difesa delle posizioni in Egitto".

Il Maresciallo Tedder fece presente che comunque non sarebbe stato possibile fornire alcun appoggio aereo ad eccezione di un attacco di bombardieri per proteggere le forze impiegate nella fase di avvicinamento a Tobruk, mentre per la distanza la protezione della caccia era assolutamente impossibile. L'Ammiraglio Harwood, comandante della Flotta del Mediterraneo (Mediterranean Fleet), si rese conto che tutta la forza di sbarco, compresi due cacciatorpediniere che egli si proponeva di impiegare, avrebbe potuto benissimo andare perduta, ma accettò il rischio. Alla fine fu considerato che i risultati dell'operazione sarebbero stati tali da giustificare i rischi ad essa connessi, e vennero di conseguenza dati gli ordini perché le azioni venissero effettuate in base ai piani predisposti[9].

---

7 Stephen Roskill, *The War at Sea 1939-1945,vol. II, The period of balance*, cit., pp. 309-310.

8 Harold Alexander, "The African Campaign from El Alamein to Tunis, from 10th August 1942 to 13th May 1943", Supplement to the London Gazette del 13 febbraio 1948.

9 Winston Churchill fu messo al corrente dei definitivi dettagli della serie di operazioni della "Agreement" l'11 settembre 1942, due giorni prima dell'inizio dei movimenti navali e terrestri, con un messaggio cifrato immediato segretissimo del Comandante in Capo della Mediterranean Flet (n. 11301C delle ore 14.00) trasmesso al Primo Lord del Mare ammiraglio Dudley Pound da consegnare al Primo Ministro, in cui si concludeva con: *"Si ritiene che tutte le operazioni abbiano una ragionevole possibilità di successo, e che la partecipazione in gioco è piccola rispetto ai risultati che potrebbero rivelarsi sostanziali"*. Cfr., National Archives, ADM 223/565.

▲ Carri armati italiani M 41 sbarcati in un porto egiziano da una motozattera partita da Tobruk nell'estate 1942.

▲ Agosto 1942. I responsabili britannici del fronte di El Alamein. Ai lati del primo ministro Winston Churchill: a sinistra il maresciallo Harold Alexander e a destra il generale Berhard Montgomery.

▼ Tobruk nell'estate 1942. Piroscafi, motozattere e altri natanti alla banchina del porto e alla fonda in rada.

Le perplessità dell'ammiraglio Harwood, erano più che giustificate, considerando la forte difesa esistente a Tobruk. Vi erano, infatti, presenti quattro batterie costiere della Regia Marina, alcune batterie del Regio Esercito e dodici batterie contraeree, sei delle quali tedesche con cannoni da 88 mm e altrettante italiane del 1° Gruppo della Milizia Artiglieria Marittima con cannoni di vario calibro. Secondo alcune fonti erano presenti nella piazzaforte e lungo la costa 17 batterie contraeree e costiere, comprendenti 78 pezzi di artiglieria, dei quali 48 italiani e 30 tedeschi. Vi erano poi, da parte italiana, 3 batterie con mitragliere da 20 mm, e 13 batterie di difesa costiera con 47 cannoni controcarro da 47 mm. Tuttavia queste forze, in parte del 2° Reggimento Artiglieria Contraerea del Regio Esercito, erano da considerarsi insufficienti per il loro frazionamento, dovendo difendere un'estensione di costa di circa 20 km.

L'ammiraglio Harwood descrisse in un secondo tempo, la pianificazione dell'operazione "Agreement" come "un'impresa disperata", in quanto nata da una richiesta urgente di aiuto da parte dell'8ª Armata, ed era giustificata soltanto dall'incerta situazione esistente in quel momento sul fronte di El Alamein. Situazione che, in effetti, si era fatta particolarmente pericolosa alla fine di agosto, quando il generale Rommel attaccò sul fronte meridionale dello schieramento britannico, ad Alam el Halfa, ma senza poter raggiunse gli obiettivi previsti, ossia l'aggiramento dal sud del fronte nemico, perché l'offensiva, preannunciata dalla fonte crittografica britannica Ultra, fu adeguatamente contrastata dall'8ª Armata del generale Montgomery, e si esaurì in due giorni per l'inferiorità dei mezzi dell'Asse; soprattutto di aerei e di combustibile (nafta e benzina), poiché soltanto alcune navi da trasporto provenienti dall'Italia riuscirono in quel periodo a superare il blocco aeronavale britannico[10].

▲ Tre MTB in navigazione ad alta velocità

10 Grazie alle intercettazioni e decrittazioni dell'organizzazione crittografica britannica Ultra, che svelarono obiettivi e forze impegnate dall'Armata Corazzata italo-tedesca, incluso il numero dei carri armati, il nuovo comandante dell'8ª Armata britannica, generale Bernhard Montgomery, che possedeva forze di poco superiori a quelle dell'avversario, ad eccezione dell'aviazione che invece era nettamente superiore a quella dell'Asse, inflisse alle forze di Rommel una dura sconfitta di arresto a Alam el Halfa, sul fronte meridionale di El Alamein, vanificando l'intenzione del feldmaresciallo di raggiungere la Valle del Nilo e il Canale di Suez. La tattica di Rommel, sviluppata cocciutamente con forze inadeguate, e con la solita ormai conosciuta manovra di aggiramento da sud in una zona ristretta come quella di El Alamein, era quella che il nemico si aspettava; e fu abilmente fronteggiata da Montgomery impegnando, più che la propria massa di forze corazzate (935 carri dei quali 713 efficienti) risparmiata al massimo possibile, un muro di cannoni anticarro e da campagna, perfettamente mimetizzati, ed impiegati con successo in posizione vantaggiosa sulle alture per rendere lenta e poi spezzare l'avanzata dei carri armati italo-tedeschi, che si realizzò, dovendo anche attraversare estesi campi minati, per circa 45 Km. prima di tornare alle basi di partenza. Il tutto fu poi contornato dagli attacchi incessanti dell'aviazione anglo-americana, che causò ad italiani e tedeschi gran parte delle perdite umane e dei veicoli. Il bilancio delle perdite riportate dai due avversari nella battaglia di Alam el Halfa fu il seguente: Tedeschi: 1859 uomini tra morti, feriti e dispersi, 38 carri, 33 cannoni, 298 veicoli, 36 aerei; Italiani: 1.051 uomini tra morti, feriti e dispersi, 11 carri, 22 cannoni, 97 veicoli, 5 aerei; Britannici: 1.750 uomini tra morti, feriti e dispersi, 67 carri, 15 cannoni anticarro, 68 aerei.

Per imbarcare la maggior parte delle truppe britanniche destinate all'operazione "Daffodil", che ricordiamo era la parte del piano "Agreement" riguardante esclusivamente l'obiettivo di Tobruk, furono destinati due gruppi di unità navali leggere denominati Forza A e Forza C. Erano assegnati alla Forza A due grossi cacciatorpediniere di squadra classe "Tribal" della 22ª Squadriglia: il Sikh, con il comandante della squadriglia e della spedizione, capitano di vascello St. John Aldrich Micklethwait, e lo Zulu del capitano di fregata Richard Taylor White. Le due unità trasportavano, al comando del tenente colonnello E.H.M. Unwin, 380 marine dell'11° battaglione della 2ª brigata Royal Marines, cui si aggiungevano un distaccamento di artiglieria contraerea e di difesa costiera, una sottosezione della 295ª compagnia campale del genio e un distaccamento di segnalazione, il tutto imbarcato a Haifa, in Palestina.

Ciascuno dei due cacciatorpediniere trasportava in coperta sei barconi con motore Ford e nove barconi destinati a essere presi a rimorchio dai precedenti al momento dello sbarco. In totale, per portare a terra i soldati della Forza A, vi erano a bordo del Sikh e dello Zulu dodici barconi a motore, e diciotto da rimorchio, tutti di forma rudimentale e a fondo piatto, costruiti in Egitto con legno stagionato.

La Forza C, ad Alessandria, comprendeva sedici motosiluranti, sette della 10ª Flottiglia (MTB 260, 261, 262, 265, 266, 267, 268) al comando del capitano di fregata Robert Alexander Allen, e nove della 15ª Flottiglia (MTB 307, 308, 309, 310, 311, 312, 314, 315, 316) al comando del capitano di fregata Denis Jermain. Quest'ultimo, a bordo della MTB 309, era anche il comandante di tutte le motosiluranti. Vi erano poi le tre motolance ML 349, 352 e 353. Le diciannove piccole unità trasportavano circa duecento uomini, ripartiti in una compagnia del reggimento Argyll e Sutherland Highlander, 1° plotone mitraglieri del Royal Northumberland Fusiliers, due moto sezioni della 295ª compagnia campale del genio, un distaccamento di artiglieria contraerea, dei distaccamenti segnalatori d'armata e un distaccamento servizio sanitario.

A bordo di ciascuna motosilurante erano trasportati dieci soldati, mentre le motolance imbarcavano un particolare reparto di quaranta guastatori e specialisti (di cui sedici ufficiali) di Marina, con le cariche e i mezzi di demolizione, al comando del capitano di corvetta Nichols. A comandare la Forza C, che salpando alle ore 18.00 del 12 settembre doveva procedere verso Tobruk in unica formazione, fu invece destinato il capitano di vascello John Fulford Blackburn, già comandante della famosa cannoniera fluviale Ladibyrd all'epoca del suo affondamento a Tobruk, il 12 maggio 1941 per attacco di bombardieri tedeschi Ju 88 dell'8ª Squadriglia del 3° Gruppo del 1° Stormo Sperimentale (8./LG.1), dipendente dal Comando Aereo Africa (Fliegerführer Afrika).

▲ Il capitano di vascello Denis Jermain, comandante nell'attacco a Tobruk della 15ª Flottiglia Motosiluranti (MBT), e del gruppo motosiluranti.

I COMPITI ASSEGNATI ALLE VARIE UNITA' IMPEGNATE NELL'OPERAZIONE "DAFFODIL"

L'operazione di sbarco, come detto, doveva iniziare il mattino del 14 settembre, sfruttando le ore di oscurità e la mancanza di luna. I compiti assegnati alle varie unità e reparti impegnati nell'operazione "Daffodil" erano quelli di neutralizzate le difese costiere della piazzaforte e le postazioni nemiche d'artiglieria di Tobruk, dopo una preparazione aerea della RAF, assegnata al 204° Gruppo (vice maresciallo dell'aria Arthur Coningham) con bombardieri pesanti e medi, durata tutta la notte per costringere la guarnigione a restare nei ricoveri *"il più a lungo possibile"*[11].

Sarebbero poi intervenuti i cacciatorpediniere e le motosiluranti delle Forze A e C per portare a compimento, con un'azione coordinata da terra e da mare, la distruzione dei vari impianti del porto, silurando tutte le navi che si trovavano in rada, le banchine e i moli, i depositi di carburante, le artiglierie, le officine e le installazioni portuali, e per recuperare al termine dell'azione gli uomini che erano stati impegnati nell'operazione di sabotaggio.

Il Sikh e Zulu dovevano essere guidati sul punto fissato per lo sbarco delle truppe, a Marsa Sciaush nel costone settentrionale della penisola di Tobruk, su un tratto di costa con morfologia molto uniforme, che sarebbe stato indicato ai due cacciatorpediniere della Forza A dai segnalatori sbarcati dal sommergibile Taku (Forza E). Dopo lo sbarco di una prima aliquota di truppe, i barconi, a motore e a rimorchio, che trasportavano i soldati e il loro armamento, dovevano tornare sui due cacciatorpediniere per imbarcare e portare a terra gli altri soldati, ultimando lo sbarco intorno alle ore 03:00. Quindi, dividendosi per attaccare gli obiettivi assegnati, l'intero contingente di 380 marines dell'11° Battaglione doveva dirigere a sud verso la baia di Tobruk, per occupare l'abitato e il porto. Ultimato lo sbarco delle truppe, il Sikh e lo Zulu dovevano portarsi a incrociare verso ponente, e al segnale di via libera (dopo la distruzione delle batterie antinave trasmesso dalle truppe a terra) verso le 08:00 entrare in rada.

Erano stati anche previsti, da parte del Comando della RAF del Medio Oriente, attacchi agli aeroporti di partenza dei bombardieri tedeschi Ju 87 e Ju 88 nel Nord Africa e a Creta, se le forze aeree a disposizione lo avessero consentito, e di dare protezione con scorta di aerei da caccia ai gruppi navali sia all'andata sia al ritorno da Tobruk con i velivoli 201° Gruppo di cooperazione aeronavale, comprendente i caccia bimotori a lungo raggio Beaufighter del 252° e 272° Squadron.

Contemporaneamente, i centocinquanta soldati trasportati dalle quindici motosiluranti della Forza C dovevano prendere terra sul costone meridionale della medesima penisola, all'interno della rada di Tobruk, e poi dirigere a sud per occupare l'abitato e il porto. Per appoggiare l'operazione anfibia, doveva preventivamente intervenire una colonna terrestre di 83 uomini, partita con diciotto camionette canadesi modificate Chevrolet da 3 tonnellate, dall'oasi libica di Kufra, situata 700 miglia a sud di Tobruk, conquistata dai soldati della Francia Libera del generale Leclerc nel marzo del 1941 e rimasta in mani britanniche che la usavano per realizzare le loro azioni di commando[12].

---

11 Tra le tante diversioni per agevolare l'azione su Tobruk, ve ne fu una su Siwa (operazione "Coastguard"), con l'intensione di attirarvi l'attenzione dell'aviazione nemica, con un finto aviosbarco presso l'oasi, simulato con il lancio di manichini che erano delle trappole, in quanto si autodistruggevano. Questi manichini (che poi vennero usati anche nello sbarco di Normandia) furono lanciati su Siwa durante la notte del 13/14 settembre, e il mattino dopo si verificò un movimento di truppe di terra (1 S.D.F. bds) che fu trasferito dell'oasi di Babarya verso Siwa, per poi rientrare il giorno successivo 15 in Barbarya. La diversione si svolse senza incidenti, e secondo il rapporto dell'operazione fu fatto credere al nemico che Siwa poteva essere attaccata e che occorreva rinforzarla, come in effetti poi avvenne distaccandovi un reparto di autoblindo italiano.

12 L'oasi di Kufra, nel sud della Cirenaica al confine con l'Egitto e a 1600 chilometri dal Cairo, costituito la principale base avanzata dei LRDG, e la sua guarnigione nel settembre 1942 era formata da truppe della Sudan Defence Force e da distaccamenti del reggimento Welch. Per raggiungerla dall'Egitto, ai britannici, truppe e rifornimenti, era necessario attraversare un lunghissimo tratto di deserto, in parte sabbioso in parte ghiaioso, avanzando lungo il Nilo fino ad Asyut e poi per una rudimentale pista fino all'oasi di el-Dakhla, e prima di arrivare a Kufra occorreva aggirare la scogliera di arenaria rossa di Gilf el-Kebir. Ciò comportava nei trasferimenti per uomini e mezzi una fatica immane.

La colonna, denominata Forza B, si era trasferita dal Cairo a Kufra il 22 agosto, e al comando dello stesso ideatore del piano Agreement, tenente colonnello Haselden, aveva il seguente compito[13]: *entrare nel perimetro fortificato di Tobruk al tramonto del giorno iniziale dell'azione, camuffata da colonna di prigionieri di guerra, ed alle 20:30 giungere alle spalle di Marsa Sciausc; alle 20:45 doveva iniziare l'attacco alle batterie e difese della zona, per costituire la testa di sbarco della Forza C. La pattuglia del L.R.D.G. doveva entrare nel perimetro due ore più tardi (presumibilmente dopo l'allarme) eseguendo nel frattempo la distruzione della Stazione Radiogoniometrica ed eventualmente agendo contro i campi di atterraggio di Gubi.*

Per realizzare quest'impresa, gli uomini dovevano avvicinarsi al lato orientale di Tobruk a bordo di sette autocarri camuffati con i colori e le insegne dell'Afrika Korps, la palma e la svastica, e gli uomini forniti con documenti falsificati al Cairo, e con le armi nascoste sotto alcune coperte ma da tenere sempre a portata di mano.

La Forza B era costituita: da un distaccamento della Brigata SS (Special Service) al comando del maggiore Colin Campbell e con gli uomini travestiti da prigionieri di guerra britannici, con le loro armi nascoste; un distaccamento di artiglieria contraerei e difesa costiera; una sezione della 295ª compagnia campale del genio; un distaccamento segnalatori; un distaccamento servizio sanitario con un medico; una pattuglia di Long Range Desert Group (LRDG) comandata dal capitano David Lloyd Owen e adibita, per la specializzazione nelle operazioni desertiche a grande raggio, a pilotare la colonna delle altre truppe. Vi era infine, al comando del capitano Herbert Cecil A. Buck, un distaccamento, noto come Special Interrogation Group (SIG), formato da sei ebrei palestinesi di origine tedesca i quali, indossando uniformi tedesche, dovevano far sembrare che stessero sorvegliando i soldati prigionieri, per poi avvicinarsi con gli stessi alla zona di sbarco della Forza C per agevolarne il compito. Se fossero stati presi vivi sarebbero stati fortunati se li avessero fucilati subito sul posto[14].

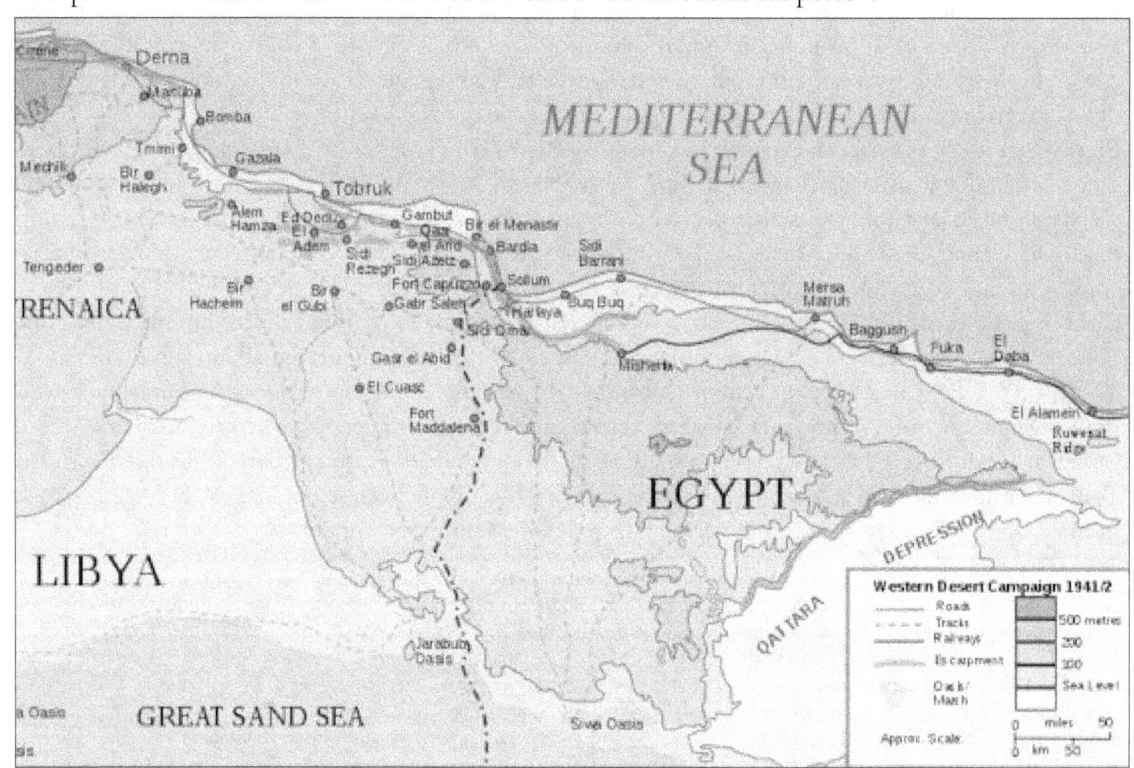

▲ La Libia Orientale e l'Egitto occidentale

---

13 AUSMM, "Supermarina, Operazione nemica contro Tobruk e retrovie della Cirenaica, 14 Settembre 1942-XX", *Scontri navali e operazioni di guerra*, cartella 91.

14 R.P. Livingstone, "Le grandi incursioni nel deserto", *Storia della seconda guerra mondiale*, vol. 3, Milano, Rizzoli-Purnell, 1967, p. 310.

▲ Sette ufficiali del Commando a Hatiet Etla: tenente John Poynton, Maggiore Colin Campbell, tenente Michael Duffy, tenente Graham Taylor, tenente David Sillito, tenente Mike Roberts (o possibilmente tenente Ronald Kirk) e tenente Bill McDonald.

▼ Il capitano dei LRDG David Lloyd Owen.

Gli uomini della Forza B avrebbero dovuto dirigere verso l'abitato di Tobruk percorrendo la costa meridionale della baia, fino a occupare Marsa Sciausc, da dove poter agevolare lo sbarco delle truppe della Forza C sul punto previsto con segnalazioni luminose.

Lungo la marcia per raggiungere l'obiettivo, e successivamente, essi dovevano anche distruggere impianti e postazioni e batterie antinave sul costone sud della penisola di Tobruk, in particolare le due batterie italiane della difesa costiera, una del Regio Esercito e l'altra della Regia Marina.

A questa prima fase delle operazioni non dovevano partecipare i reparti di demolizioni trasportati delle tre motolance della Forza C. Infatti, secondo il piano "Agreement"(CC (42) /72) del 21 agosto 1942, trovato dagli italiani il 15 settembre su un mezzo da sbarco incagliato, il loro compito era il seguente[15]: *le motolance con i guastatori dovevano rimanere a ridosso della costa, presso Marsa Sciausc, senza partecipare alle azioni, fino alle ore 08:00 circa, ora alla quale era previsto il libero ingresso nella rada: dovevano allora entrare in porto e distruggere tutti i natanti dopo aver prescelto dieci motozattere efficienti da catturare, armare ed avviare ad Alessandria previo imbarco su di esse dei prigionieri italiani, eventuali prigionieri inglesi liberati, feriti e materiale di bottino.*

Differente era il compito che era assegnato alle motosiluranti, in quanto dopo lo sbarco delle truppe a Marsa Sciausc, esse dovevano forzare le ostruzioni della rada al momento in cui i reparti di terra avrebbero raggiunto le banchine del porto, per iniziare la pianificata opera di distruzione d'impianti, depositi e naviglio.

▲ Ebrei tedeschi dello Special Interrogation Group (SIG).

---

15 AUSMM, "Supermarina, Operazione nemica contro Tobruk e retrovie della Cirenaica, 14 Settembre 1942-XX", *Scontri navali e operazioni di guerra*, cartella 91

In definitiva, nella complessa pianificazione dell'Agreement, compilata esaminando l'ordine operativo britannico, le Forze A, B e C dovevano realizzare: *Occupazione di Tobruk per circa 24 ore onde operare la totale distruzione degli impianti portuali ed unità alla fonda, nonché di tutti gli apprestamenti e depositi logistici, così da paralizzare per lungo tempo l'efficienza di Tobruk come porto e base di rifornimento. In caso di favorevoli sviluppi della situazione generale, le Forze A – B – C anziché tornare via mare, dovevano dirigere per levante via terra, operando in correlazione con la Forza X, paralizzando ulteriormente i rifornimenti verso il fronte (e probabilmente agire a tergo del nostro schieramento durante l'offensiva nemica ad Alamein).*

Riguardo al ripiegamento da Tobruk, nel piano "Agreement" si specificava[16]: era previsto che tutte le forze lasciassero Tobruk la sera successiva allo sbarco, rientrando – in massima – via mare, sulle unità delle Forze A e C, e sulle dieci motozattere catturate. In caso di completo successo parte delle forze dovevano tornare per via terrestre, su automezzi catturati, operando – in collegamento con la Forza X – contro le nostre linee di comunicazione. Eventuali uomini dispersi sarebbero stati raccolti tre notti dopo da un sommergibile a Marsa Scegga presso Bardia.

Tutti i documenti, compreso il fondamentale ordine operativo dell'operazione "Agreement", che a Tobruk, come detto, caddero nelle mani degli italiani che subito misero al corrente i tedeschi, portavano l'indicazione "Segreto da non portare in combattimento"; disposizione che fu violata, perché evidentemente singoli comandanti avevano bisogno di doverli consultare nella loro forma minuta, rigida e prolissa. Ai soldati, nel caso fossero stati catturati, era stato raccomandato di tacere; se fossero stati interrogati, era stato loro detto di indicare la via della ritirata di Bir El Gobi, mentre invece le truppe avrebbero dovuto all'occorrenza ripiegare per l'oasi di Gialo, di cui era stata prevista la conquista, nel corso dei movimenti a largo raggio in Cirenaica, compito assegnato alla Forza X nell'operazione "Bigamy".

Circa queste operazioni nel deserto cirenaico, nella relazione di Supermarina è scritto: "*La Forza X doveva operare per circa tre settimane (probabile durata dell'offensiva ad Alamein) nel retroterra di Bengasi e Derna, allo scopo di paralizzare eventuali rifornimenti verso levante: per tali operazioni la Forza X doveva appoggiarsi, come base logistica, a Gialo*". Con l'operazione "Nicety" l'oasi di Gialo doveva essere occupata "*con la Forza Z, proveniente da Kufra. La durata dell'occupazione doveva prolungarsi per circa tre settimane, onde utilizzare l'oasi quale base logistica della Forza X*".

Da quanto risulta dal medesimo ordine di operazione, i britannici valutavano "*che il presidio di Tobruk fosse costituito da meno di un reggimento di soldati italiani di scarsa efficienza e da nuclei di specialisti tedeschi, oltre agli armamenti delle batterie*[17]".

Nel valutare quali fossero le forze dell'Asse nella zona di Tobruk, si riteneva[18]: *La guarnigione di Tobruk comprende circa 1 brigata di fanteria italiana e numeroso personale della c.a. Circa 1000 soldati tedeschi accasermati 24 km. a Est di Tobruk ma verosimilmente che non dispongono di necessari mezzi di trasporto per entrare subito in azione. Deve contarsi però che in un secondo tempo tali truppe possano intervenire. La difesa di artiglieria di Tobruk comprende 8 pezzi costieri, 48 pezzi c.a. pesanti e 85 pezzi c.a. leggeri.*

Si suppone che negli aeroporti di Tobruk e di El Aden si trovino 30 Macchi 200. A Derna devono trovarsi alcuni Ju 88 e Me 110 nonché 24 aerosiluranti italiani. Deve contarsi che entro un ora possa intervenire un gruppo di 30 Ju 87 da Sidi Barrani. Entro 3 ore è probabile l'intervento di un secondo gruppo. Entro 1h ½ possono intervenire Ju 88 da Creta.

Entro poche ore possono entrare in azione 130 aerei nemici. L'azione verrà iniziata da un attacco aereo contro Tobruk nella notte D1/D2.[13/14 settembre].

---

16 *Ibidem*.
17 Stato Maggiore Esercito Ufficio Storico (d'ora in poi SMEUS), Diario Storico del Comando Supremo, vol. VIII, tomo II, Allegati, Roma, 1999, p. 69.
18 AUSMM, *Maricolleg Berlino* "Piano inglese per lo sbarco a Tobruk (13-14 settembre 1942)", Prot. N. 608/S. Le informazioni fatte pervenire a Roma dall'Ammiraglio di Collegamento con l'Alto Comando della Marina Germanica, ammiraglio Giuseppe Bertoldi, erano stati ricavati dai tedeschi dalla consultazione del piano britannico catturato dagli italiani, e mandato in copia a Berlino.

Infine, nell'ordine di operazione per la compagnia B dell'11° Battaglione Royal Marines (maggiore John Norman Hedley), dal carattere particolarmente cinico e spietato, inviato per conoscenza al comandante del battaglione tenente colonnello Edward Harold Mitford, era specificato che il 10° plotone, nell'attaccare e conquistare un ricovero profondo assegnato dopo averlo aggirato, doveva distaccare una sezione per uccidere tutti gli uomini che vi si trovavano, e quindi senza fare prigionieri. E si specificava: *"A compito ultimato il 10° plotone raggiungerà a tutta velocità il comando di Battaglione nel luogo prestabilito[19]"*.

Il catturato piano dell'Agreement, fu successivamente portato a conoscenza di Supermarina e in copia al Comando Marina Germanica in Italia.

Quest'ultimo a nome del comando in capo della Kriegsmarine, grande ammiraglio Erich Raeder, ringraziò il 20 ottobre l'ammiraglio Arturo Riccardi, Capo di Stato Maggiore della Regia Marina, chiedendo di poter disporre anche di una fotocopia del documento[20].

▲ Operazione Agreement. L'oasi di Kufra nell'agosto 1942. Gli uomini nuotano nel lago.

---

19 AUSMM, "Comando Supremo, Documento catturato al nemico", *Scontri navali e operazioni di guerra*, cartella 91. Il maggiore Hadley e il tenente colonnello Unwin furono catturati il 14 settembre e inviati speditamente in Italia via aereo.
20 AUSMM, "Supermarina, Operazione nemica contro Tobruk e retrovie della Cirenaica, 14 Settembre 1942-XX", *Scontri navali e operazioni di guerra*, cartella 91.

▲ I commando, attraversando il deserto, si dirigono con autocarri verso l'oasi di Kufra.

▲ Soldati che scavano per liberare un camion dalla sabbia soffice il 6 settembre. In primo piano, con un Kilt scozzese, il maggiore Colin Campbell, secondo in comando del reparto partito da Kufra.

▼ I camion si fermarono sull'enorme sperone roccioso di Gilf Kebir. L'ufficiale con il binocolo è molto probabilmente il maggiore David Lloyd Owen.

I MOVIMENTI DELLE FORZE NAVALI BRITANNICHE E LE PREVISIONI DEI COMANDI DELL'ASSE

Le diciannove unità leggere della Forza C presero il mare da Alessandria alle 18:00 del 12 settembre, e si diressero in formazione verso ovest, alla velocità di 8 nodi, per poi aumentarla, per ordine del capitano di vascello Blackburn, a 24 nodi. Durante la navigazione la motosilurante MTB 268 (sottotenente di vascello: David Cowley Souter), a causa di un guasto al motore, dopo aver trasferito i suoi dieci soldati sulla motolancia ML 353, fu costretta ad invertire la rotta per rientrare ad Alessandria. Anche i due cacciatorpediniere di squadra della Forza A, Sikh e Zulu, presero il mare da Haifa alle 18:00 del 12 settembre, e si congiunsero con un gruppo di sostegno.

Infatti, per dare allo sbarco l'appoggio navale, alle 19:45 di quella stessa sera salparono da Porto Said le unità della Forza D, costituita dall'incrociatore contraereo Coventry (capitano di vascello Ronald John Robert Dendy) e dai quattro cacciatorpediniere di scorta del tipo "Hunt" della 5ª Flottiglia, Belvoir, Dulverton, Hursley e Croome. A questo gruppo si aggiunsero il Sikh e lo Zulu, alle 05:45 del 13 settembre.

Un secondo gruppo navale, con i quattro cacciatorpediniere di scorta della 5ª Flottiglia Hurworth, Beaufort, Exmoor e Aldenham, salpò da Alessandria alle 09:25 del 13 settembre e si ricongiunse anch'esso alla Forza D a ovest di Alessandria, a nord della baia di Abukir, per poi proseguire per ponente alla velocità di circa 25 nodi, con le navi che cambiano frequentemente rotta, procedendo zigzagando, per schivare gli attacchi di eventuali sommergibili.

Quindi, dopo che il Sikh e lo Zulu al calar della notte avevano lasciato la Forza D dirigendo per Tobruk alla velocità di 30 nodi per dar corso all'operazione di "Commando", il Coventry e gli otto cacciatorpediniere di scorta rimasero a incrociare al largo di Marsa Matruh, con il compito di restare nella zona per la protezione strategica navale, e di riprendere la rotta di ritorno il mattino del giorno successivo allo sbarco, 14 settembre.

▲ La motosilurante MTB 268 (ex USS PT 19), che per un guasto al motore dopo la partenza da Alessandria fu costretta a rientrare in porto.

Nello stesso tempo un altro gruppo navale britannico, costituito dall'incrociatore leggero Dido (capitano di vascello Henry William Urquhart McCall), della 15ª Divisione, e dai cinque cacciatorpediniere di squadra della 14ª Flottiglia Jervis (capitano di vascello Albert Lawrence Poland), Javelin, Pakenham, Paladin e Kelvin, effettuava l'operazione "M.G. 7". Ossia, una diversione all'operazione principale "Agreement" con il Dido che bombardò nella notte, ad iniziare dalle 01:00 del 14 e per trenta minuti, la località costiera di El Daba, a ovest di El Alamein. L'incrociatore sparò trecentocinquanta proiettili da 133 mm, la metà dei quali fu ritenuto fossero caduti sull'obiettivo. L'intera forza navale, alle 15:30, ritorno a Porto Said senza incidenti.

Era previsto che la Royal Air Force (RAF) del Medio Oriente (maresciallo dell'aria Arthur Tedder) desse protezione con scorta aerea ai gruppi navali sia all'andata sia al ritorno, in particolare con i caccia a lungo raggio Bristol Beaufighter del 252° e 272° Squadron del 201° Gruppo, particolarmente addestrati a questo compito, che comportava di volare a lungo e a grande distanza sul mare.

Mentre le motosiluranti e le motolance delle Forze A e C nell'avvicinarsi all'obiettivo seguirono una rotta isolata, il Sikh e lo Zulu, dopo essere stati accompagnati fino al tramonto dall'incrociatore contraereo Coventry e dagli otto cacciatorpediniere di scorta (che poi rimasero a incrociare a nord di Marsa Matruh assumendo una protezione indiretta all'operazione "Daffodil"), con il favore della notte puntarono decisamente verso Tobruk.

Il movimento britannico non passò inosservato, poiché tra le 08:30 e le 08:35 del 13 settembre aerei da ricognizione tedeschi Ju 88D della squadriglia 2.(F)/123 del X Fliegerkorps, cui su direttiva del 21 aprile 1942 dell'O.B.S. (Oberkommando Süd) competeva la ricognizione d'altura nel Mediterraneo Orientale, dopo il decollo da Skaramanga (Creta) segnalarono due gruppi di navi; il primo di sei unità da guerra a circa 15 miglia a nord di Rosetta, alla foce del Nilo (la Forza D), e il secondo di due piroscafi con quattro unità di scorta a 12 miglia a nord di Alessandria.

▲ L'incrociatore Dido. A prora del ponte di comando sei cannoni da 133 mm ad alta elevazione in torrette binate, particolarmente efficaci nel tiro contraereo. Altri quattro cannoni da 133 mm in due torri binate si trovavano a poppa.

▲ L'incrociatore leggero Coventry (4290 tds), risalente alla prima guerra mondiale, essendo entrato in servizio il 21 febbraio del 1918, ripreso dopo l'ammodernamento e la trasformazione in nave contraerea, avvenuta nella seconda metà degli anni '30. Era armato con otto cannoni da 102 mm in impianti singoli, non scudati.

▼ Il cacciatorpediniere di scorta Croome, una delle otto unità della classe "Hunt" della 5° Flottiglia facente parte della Forza D. Era armato con sei cannoni in torri binate da 102 mm, e non aveva lanciasiluri.

▲ Si trovavano a Tobruk i fanti da sbarco del Battaglione San Marco. Nell'immagine sotto, gli uomini della 1a compagnia guastatori in tenuta da combattimento, comandati dal tenente Bernardini.

Il contatto con il gruppo, dopo l'avvistamento iniziale non fu mantenuto, né pervenne alcun'altra indicazione in merito. Pertanto, poiché le rotte dei due gruppi navali furono segnalate erroneamente per levante, durante il giorno 13, anche a causa delle scarse condizioni di visibilità che ostacolarono la ricognizione, l'avvistamento non provocò alcun provvedimento fino alle 18:20. A quell'ora il Comando dell'O.B.S., che era poi il feldmaresciallo Albert Kesselring Comandante in Capo del fronte tedesco del Sud (Oberbefehlshaber Sud) e nel contempo della 2ª Flotta Aerea (Luftflotte 2.) con sede tattica a Taormina, rettificò la direzione delle unità britanniche, che includevano motosiluranti, facendo presente che la loro rotta doveva intendersi per ponente e non per levante.

Tuttavia, poiché questa verifica, compiuta dopo oltre dieci ore dai due avvistamenti, non era accompagnata da alcuna osservazione, i vari comandi dell'Asse, ritenendo che la precisazione dell'O.B.S. potesse avere *"un valore puramente cartolario"*, non ebbero la sensazione che le unità navali nemiche stessero puntando sulle zone costiere della Cirenaica, e ritennero che non dovessero superare durante la giornata il meridiano di Marsa Matruch. Pertanto Supermarina, l'organo operativo dello Stato Maggiore della Regia Marina, ritenne che il gruppo non si fosse spinto ulteriormente a ponente e che l'avvistamento mattinale si riferisse ad un'operazione di carattere locale.

Conseguentemente, mancò completamente qualsiasi preavviso di allarme di probabili azioni nemiche ai locali presidi italo-tedeschi, *"e perciò le prime operazioni contro Tobruk poterono svolgersi completamente di sorpresa*[21]*"*.

Di ciò ebbe a lamentarsi a Roma, per la possibilità di probabili azioni nemiche, il Sottocapo di Stato Maggiore della Regia Marina, ammiraglio di squadra Luigi Sansonetti, che fu informato dello sbarco a Tobruk soltanto alle 02:00 del 14 settembre, per poi ricevere, alle 03:35, la notizia che contro quella importante base era stato *"sferrato un violento attacco aereo"*, mentre *"non si avevano ancora notizie precise sull'esito dello sbarco*[22]*"*.

Tuttavia, constatando che il bombardamento, iniziato alle 20:30 del 13 settembre, aveva intensità e durata superiore a quella delle precedenti incursioni, tanto che esso continuò ininterrottamente fino alle 02:40 per poi proseguire con il solo mitragliamento aereo fino alle 03:15, a Supermarina sorse il dubbio che l'attacco aereo intendesse coprire qualche azione di forzamento del porto o qualche azione contro obiettivi della costa[23].

Soltanto alle 09:00 giungeva a Roma, la notizia, trasmessa dall'O.B.S., che " lo sbarco era fallito", e che le navi nemiche dirigevano per ponente lasciandosi dietro due unità in fiamme. Qualora si fosse avuta, durante la giornata, la conferma del movimento nemico verso ponente, da parte di Supermarina, se fosse stata autorizzato dal Capo del Comando Supremo (Stamage), maresciallo Ugo Cavallero, e quindi tramite lui anche dal Duce (Benito Mussolini), sarebbe stato possibile dare ordine all'8ª Divisione, tenuta pronta a Navarino (Grecia occidentale), di prendere il mare.

Il mattino del 14 la Divisione Navale si sarebbe trovata in ottima posizione per agire contro i residui gruppi nemici. La mancata segnalazione aerea ebbe quindi per conseguenza la perdita di un'occasione molto favorevole. Di ciò si dolse l'ammiraglio Sansonetti che telefonando alle 10:45 del 14 settembre all'ammiraglio di squadra Angelo Iachino, Comandante della Squadra Navale a Taranto, ebbe a sostenere che a causa del disservizio della ricognizione aerea non era stato permesso ai tre incrociatori dell'8ª divisione navale (Giuseppe Garibaldi, Duca degli Abruzzi e Duca d'Aosta (dislocati a Navarino con cinque cacciatorpediniere della 13ª Squadriglia) di potersi trovare alle ore 06:00 di quel giorno *"in posizione favorevolissima"* per attaccare il nemico, dopo una percorrenza di navigazione di 320 miglia.

Nella lettera n. 25458, inviata al Comando Supremo il 19 settembre, dall'oggetto "*Sbarco inglese a Tobruk del 14 settembre*", l'ammiraglio Arturo Riccardi, Sottosegretario di Stato e Capo di Stato Maggiore della

---

21 AUSMM, "Supermarina, Operazione nemica contro Tobruk e retrovie della Cirenaica, 14 Settembre 1942-XX", *Scontri navali e operazioni di guerra*, cartella 91.
22 *Ibidem*
23 Secondo il Diario di Guerra tedesco del Seetransportstelle (Ufficio del trasporto marittimo), il 14 settembre vi erano nella rada di Tobruk le seguenti otto navi mercantili: Ostia, Sybilla, Ankara, Iseo, Kreta, Milthiades, Johannis Kutofari, Cornelli II.

Regia Marina, fece le seguenti precisazioni[24]: *il gruppo nemico che compì l'operazione di sbarco a Tobruk nella notte sul 14 corrente, fu avvistato verso le 08:30 del giorno 13 in zona Alessandria, e sul momento segnalato in rotta per levante. Soltanto verso le ore 18:00 O.B.S. precisò che doveva intendersi in rotta per ponente. Il contatto con il gruppo, dopo l'avvistamento iniziale non fu mantenuto, né pervenne alcun'altra indicazione in merito, mentre durante la giornata il nemico dové navigare almeno fino al meridiano di Marsa Matruch. Pertanto Supermarina ritenne che il gruppo non si fosse spinto ulteriormente a ponente e che l'avvistamento mattinale si riferisse ad un'operazione di carattere locale. Qualora si fosse avuta, durante la giornata, la conferma del movimento nemico verso ponente, sarebbe stato dato ordine all'VIII Divisione, pronta a Navarino, di prendere il mare. Il mattino del 14 la nostra Divisione si sarebbe trovata in ottima posizione per agire contro i residui gruppi nemici. La mancata segnalazione aerea ha avuto quindi per conseguenza la perdita di un'occasione molto favorevole.*

▲ Parte dell'8ª Divisione Navale italiana a Navarino, nella Grecia occidentale, nell'estate del 1942. Dal basso l'incrociatore Duca d'Aosta con il cacciatorpediniere Bersagliere, e più avanti l'incrociatore Duca degli Abruzzi con il cacciatorpediniere Mitragliere.

---

24 AUSMM, *Scontri navali e operazioni di guerra*, b. 91.

L'INIZIO DELL'ATTACCO BRITANNICO A TOBRUK

Vediamo ora come si svolse l'attacco britannico. Dopo il tramonto del sole del 13 settembre, provenienti con i sette camion dall'oasi di Kufra, gli uomini della Forza B del tenente colonnello Haselden, sfruttando le divise tedesche, fermarono a sud di El Aden un autocarro italiano trasportante una pattuglia di sette uomini dell'Aeronautica, un ufficiale, un sottufficiale, quattro avieri e un operaio. Quindi, dopo averli interrogati, li fucilarono[25]. Due avieri, uno dei quali ferito e l'altro incolume, abbandonati sul terreno perché ritenuti morti, rientrarono a piedi ad Al Aden. Proseguendo la marcia, un ufficiale uccise un'ignara sentinella tedesca, con il solito subdolo sistema, e raccogliendo come trofeo il suo fucile. Il generale Giuseppe Mancinelli, all'epoca ufficiale di collegamento italiano presso il comando del maresciallo Rommel, ha giustamente deprecato il comportamento spietato dei soldati britannici, considerati veri banditi, contro i prigionieri, citando come avvenne l'eliminazione della pattuglia italiana, per averlo appreso da un aviere scampato al massacro[26]: *un autocarro con una decina di nostri soldati si trovava per l'esecuzione di un qualche servizio a 15-20 km nell'interno a sud di Tobruk, incontrò una colonna di tedeschi (tale li ritennero i nostri, dall'aspetto) che scesero e si fermarono con la scusa di chiedere informazioni, indi li circondarono, li disarmarono e, dopo averli fatti allineare, li falciarono sul posto con una scarica di mitra. Il mio interlocutore si salvò perché cadde svenuto, probabilmente per lo spavento, prima di essere raggiunto dalla scarica totale e rinvenne illeso sotto i corpi dei compagni uccisi.*
Gli uomini della Regia Aeronautica massacrati erano: il sottotenente Amleto Fortuna, il sergente Antonio Petruccini, gli avieri Antonio Pollastrini ed Enzo Bisi, e l'operaio Alberto Pompili. Sopravvissero gli avieri Germano Serafini e Salvatore Esposito[27].
In concomitanza con l'inizio del bombardamento aereo, alle 21:30 gli uomini del colonnello Haselden mossero per entrare indisturbati nel perimetro della Piazza di Tobruk, essendo la loro presenza sfuggita alla vigilanza terrestre – ingannando gli uomini di automezzi tedeschi incontrati lungo la strada – e alla ricognizione aerea che, pur avendo sorvolato la colonna delle camionette, non li riconobbe. In tal modo, gli uomini della Forza B, una volta che ebbero superato agevolmente il perimetro difensivo scarsamente vigilato, poterono separarsi per poi distruggere capannoni e capisaldi con lancio di bombe a mano, e raggiunta la località di Marsa Sciausc, lanciare in alto verso il mare i prescritti razzi rossi e verdi di segnalazione. Dopo di che Haselden segnalò al Cairo la parola convenzionale "Nigger", che fu ritrasmessa subito alla Forza C.
Sei delle quindici motosiluranti della Forza C partite da Alessandria si tenevano pronte, e con una lampada a luci rosse fu provveduto dal tenente di vascello. T.B. Langton, ufficiale del British Speciale Service, ad avvertire il comandante della MTB 309, tenente di vascello Denis Jermain, che la strada per entrare a Tobruk era libera[28]. Tuttavia, in seguito all'attacco aereo in corso, messo in relazione con la ripetuta segnalazione della presenza di un sommergibile nemico nella zona costiera immediatamente prossimo all'entrata della rada (era il Taku), il comandante di Marina Tobruk, capitano di vascello Temistocle d'Aloja, ritenendo vi fossero le condizioni per azioni di commando o di sbarchi concomitanti con l'attacco aereo nella zona costiera o contro il porto, aveva subito dato ordine ai posti di vedetta e alle motozattere di intensificare la vigilanza costiera[29].

---

25 G. Santoro, *L'Aeronautica italiana nella seconda guerra mondiale*, vol. II, Milano - Roma, Edizioni Esse, 1957, p. 327.
26 Annotazione del generale Giuseppe Mancinelli, all'articolo di R.P. Livingstone, "*Le grandi incursioni nel deserto*", cit., p. 311
27 P. Caccia Dominioni, *El Alamein 1939-1962*, Milano, Longanesi & C., 1963, p. 244.
28 R.P. Livingstone, "Le grandi incursioni nel deserto", *Storia della seconda guerra mondiale*, cit., pp. 310-311.
29 AUSMM, "Comando Marina Tobruk, Attacco nemico alla Piazza di Tobruk", Marilibia, cartella 15.

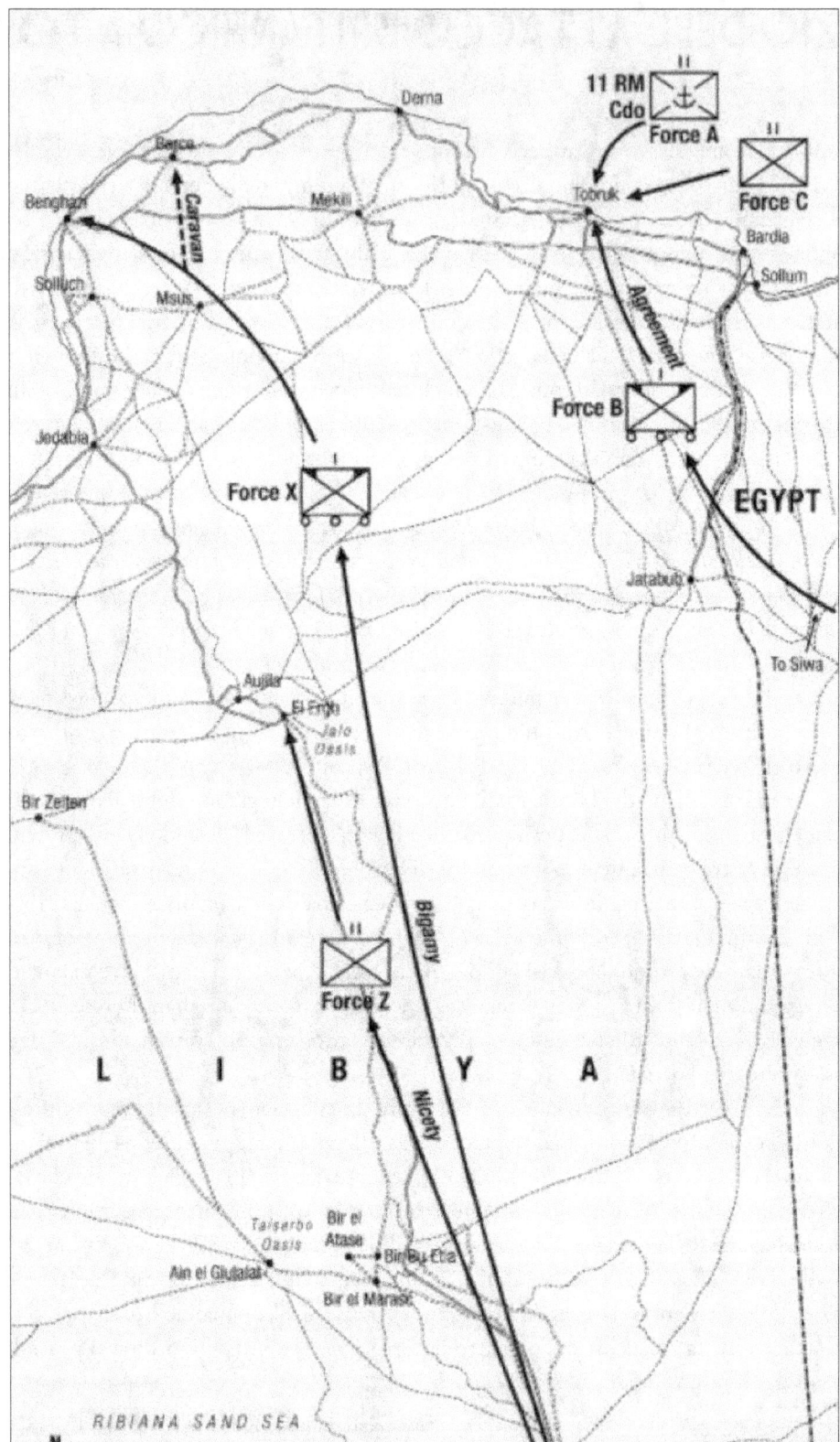

▲ Movimenti e direzioni d'attacco delle forze britanniche per l'attacco a Tobruk e ad altri obbiettivi dell'asse in Cirenaica

▲ Operazione "Agreement". Sopra, la colonna di mezzi dei commando della Forza B a El Kharga. Notare l'aspetto degli uomini, nell'infernale calura estiva del deserto libico. Sotto, durante una sosta a Hatiet Etla i mezzi della Forza B vengono mimetizzati con reti e al riparo di alberi per nasconderli all'esplorazione aerea del nemico.

▲ Wellington del 37° Squadron in volo sul deserto. Questo reparto, inserito nel 205° Gruppo della RAF, partecipò al bombardamento notturno di Tobruk.

▼ La MBT 309 (ex statunitense PT 51) dove si trovava nell'attacco a Tobruk il tenente di vascello Denis Jermain, comandante della 15ª Flottiglia Motosiluranti (MBT), e del gruppo motosiluranti.

Alle ore 01:05 del 14 settembre era intercettata una comunicazione radio di un cacciatorpediniere isolato [Sikh] che affermava di trovarsi sul punto stabilito per l'inizio dell'operazione, e contemporaneamente si verificò a Marsa Sciausc, a est dell'imboccatura della rada, lo sbarco dei soldati britannici trasportati dalle motosiluranti[30].

Nel frattempo gli attacchi dell'aviazione britannica stavano aumentando d'intensità. I bombardamenti erano iniziati, alla luce di bengala illuminanti, alle 21:00 del 13, con un ritardo di mezzora sull'ordine di operazione, e terminarono alle 03:15 con le azioni di mitragliamento. Per il bombardamento di Tobruk della notte del 13-14 settembre l'ordine di operazioni del Comando del 205 Gruppo della RAF (vice maresciallo dell'aria Aklan P. Ritchie) prevedeva l'impiego di centotre aerei, dei quali i bombardieri medi Wellington degli Squadron 37°, 38°, 108° e 148°, i bombardieri pesanti Liberaton (B 24) dello Squadron 160°, e i bombardieri pesanti Halifax degli Squadron 227° e 462° (quest'ultimo australiano), che erano stati appena costituiti ciascuno con sedici velivoli. Ma gli aerei che effettivamente partecipano alla missione furono centouno: sessantasette Wellington, quattordici Halifax, e quindici Liberator (B 24) britannici, a cui si aggiungevano cinque B 24 statunitensi. Di tutti questi bombardieri tre velivoli rientrano per inconvenienti tecnici prima di raggiungere l'obiettivo, per cui arrivarono su Tobruk novantotto aerei che batterono in ondate successive le zone prestabilite anche con bombe di grosso calibro, le "blockbuster" da 4.000 libbre (1.814 chili). In particolare furono prese di mira le due batterie antinave italiane Dandolo, (quattro cannoni da 120 mm) e Tordo (tre cannoni da 102 mm.) dislocate tra Marsa Mreisa e l'abitato di Tobruk (dove doveva avvenire lo sbarco principale dei Commandos), mentre i cinque B 24 statunitensi del 98° Gruppo bombardarono le navi in porto[31].

Secondo gli equipaggi britannici, furono avvistati sulla penisola di Tobruk, nella zona delle postazioni dell'artiglieria pesantemente attaccate, e notati diversi incendi di grandi dimensioni e un gran numero di esplosioni, di cui una, probabilmente di una bomba da 4.000 libbre, particolarmente violenta vicino ai serbatoi della nafta, seguita da due forti incendi. Nel corso dell'operazione, in cui furono sganciate 70 tonnellate di bombe, per i danni riportati nella nutrita reazione della contraerea, andarono perduti quattro Wellingtons, tre del 70° Squadron, decollati da Abu Sueir, e uno del 108° Squadron[32]. Quest'ultimo era decollato alle ore 20:00 del 13 settembre dall'aeroporto LG-237, a ovest del Cairo, e con pilota il tenente E.R. Wardley. Complessivamente, secondo un documento del Comando Supremo italiano, il bombardamento ebbe inizio alle 21:00 del 13 settembre e si prolungo fino alle 03:40 del 14, per una durata di sei ore e quaranta minuti. Si ritenne che vi avessero partecipato circa centocinquanta velivoli con sgancio di oltre cinquecento bombe[33].

Secondo quanto al rientro riferirono gli equipaggi britannici i cannoni contraerei nemici, ritenuti fossero ventiquattro, spararono efficacemente durante le prime ore dell'operazione, per poi diminuire d'intensità divenendo irregolari man mano che l'attacco si sviluppò.

---

30 In una comunicazione tedesca diretta da un Comando navale della Cirenaica, a OBS (Kesselring), II Luftflotte (Loerzer), Panzer Army (Rommel) e Comando Marina Germanica (Weichold), e decrittata la sera del 14 settembre dall'organizzazione crittografica britannica Ultra, si legge: *"Immediato Urgente. Alle 02:10, 3 molo verde, segnale di allarme, per l'avvicinamento di nave nemica, nemico est sbarcato a Tobruk in Umel Sciause, stazione navale W/T [radiotelegRAFica] è pronta per la difesa e la distruzione dei libri confidenziali"*. (ZIP/0139/14/9/42).
31 S.O. Playfair, *Mediterranean and Middle East*, vol. IV, The Destruction of the Axis Forces in Africa, cit., p. 22
32 Dei quattro Wellington che non riuscirono a tornare alla base, parte dell'equipaggio di uno di essi fu catturato, mentre tre uomini che tentarono di raggiungere le linee britanniche furono uccisi il 18 settembre in uno scontro a fuoco con una pattuglia dell'Asse sulla strada Sollum - Sidi Barrani. Un altro velivolo fece un atterraggio forzato durante il viaggio di ritorno, e soltanto due uomini dell'equipaggio (che dirigendo verso El Alamein avevano incontrarono lungo la strada un membro dell'equipaggio di un Wellinton del 148° Squadrone che si era schiantato al suolo nel deserto la notte del 19/20 settembre) riuscirono a raggiungere le linee britanniche. Il terzo Wellington perse un motore sull'obiettivo di Tobruk e dovette atterrare forzatamente nel deserto dietro le linee dell'Asse. L'equipaggio evitò la cattura fino al 20 settembre, quando divenne prigioniero di guerra. Il quarto Wellington inviò un messaggio che indicava avesse problemi ad un motore, e fu costretto ad effettuare un atterraggio forzato nel deserto. Gli uomini dell'equipaggio si salvarono ma furono catturati. Uno essi decedette quando la nave che lo stava trasportando prigioniero in Italia fu silurata e affondata. Cfr., Alun Granfield, Bomber over Sandand Snox: 205 Group RAF in World War II
33 ASMEUS, *"Sintesi delle operazioni svoltesi in Cirenaica della notte da 13 al 19 settembre 1943 – XX"*.

▲ Halifax del 462° Squadron Australiano (Egitto 1942) di base a Fayid dal 7 settembre 1942, data di costituzione del reparto. Prima dell'attacco della notte del 13 settembre aveva effettuato altre due incursioni sull'obiettivo.

▼ Wellington del 70° Squadron della RAF. Nell'incursione notturna su Tobruk perse tre aerei ad opera della contraerea italiana e tedesca.

▲ Un B.24 del 98° Gruppo da Bombardamento statunitense incidentato dopo essere atterrato senza carrello. Il reparto partecipò al bombardamento notturno di Tobruk e del naviglio nel porto di Bengasi.

▼ Equipaggi di velivoli Wellington del 108° Squadron ricevono dal comandante le istruzioni per una missione. Un aereo di questo reparto costituì l'unica perdita della grande incursione aerea notturna su Tobruk ad opera della contraerea che difendeva la base. L'abbattimento del velivolo fu inserito nel Bollettino di Guerra del Comando Supremo.

Gli uomini dell'ultimo aereo che lasciò l'area dell'obiettivo riferì che non più di tre cannoni sparavano ancora a intermittenza. E da dire al proposito che in quelle ore della notte l'attenzione della difesa era concentrata contro lo sbarco dei commando in corso di realizzazione, e gli obiettivi dell'artiglieria italo-tedesca, quelli più vicino alla costa, erano pertanto rappresentati dalle unità navali. Quella stessa notte, in base al piano di attaccare gli aeroporti di Creta e del Deserto, quello di Sidi Heneish (Haggag el Quesada), dove avevano sede molti reparti tedeschi, tra cui i caccia Bf 109 del III./JG.27, i tre gruppi di bombardieri in picchiata Ju 87 dello St.G.3 e in caccia italiani Mc 202 del 3° Stormo, fu attaccato dai bombardieri medi statunitensi B 25 del 12° Gruppo da bombardamento (colonnello Charles Goodrich) di base a Ismalia (aeroporto LG-209), che con le Squadriglie 81ª, 82ª, 83ª e 432ª fecero un totale di sessantasei missioni. Ma quattro B 25 furono abbattuti dalla contraerea, che ebbe un facile bersaglio nel buio, a causa dell'apertura del locale (vano) delle bombe dei velivoli con le luci accese. Sempre la notte sul 13/14 settembre, ma in relazione con l'operazione Bigamy, l'attacco dalla parte di Terra agli obiettivi di Bengasi, venti tra bombardieri Liberator del 159° Squadron della RAF e B 24 statunitensi del 98° Gruppo (343ª, 344ª, 345ª e 415ª Squadriglia), comandato dal colonnello Hugo P. Rush, decollando da aeroporti della Palestina, bombardarono le navi nel porto. L'incursione si svolse tra le 20:45 e l'01:00, ma i risultati del bombardamento non poterono essere osservati perché gli obiettivi di Bengasi erano oscurati da una copertura nuvolosa di 10 decimi. Gli equipaggi dei velivoli videro soltanto il fuoco delle artiglierie contraeree nemiche. Successivamente nel corso della giornata del 14 settembre i B 24 del 98° Gruppo ebbero per obiettivo Suda, dove in seguito al bombardamento fu vista nella rada una nave in fiamme, mentre in realtà l'attacco aereo non portò ad alcun successo.
Nello stesso tempo che si sviluppavano i bombardamenti aerei notturni, i commando della Forza B, dopo aver raggiunto le spiagge meridionali della penisola di Tobruk, con un colpo di sorpresa riuscirono a impadronirsi di una batteria antisbarco di cannoni da 105/28 mm dell'Esercito italiano, la n. 105, postata sul ciglio occidentale di Marsa Sciausc, proprio davanti al relitto dell'incrociatore corazzato San Giorgio, che vi si era autoaffondato dall'equipaggio nel gennaio 1941 quando i britannici, avendo ragione di una consistente guarnigione italiana, erano entrati a Tobruk.
"Il personale di tale batteria restava in gran parte sopraffatto, ma un ufficiale, sfuggito all'avversario con due uomini, raggiungeva celermente una batteria viciniore e riusciva alle 23:40 a dare comunicazione telefonica dell'accaduto al Colonnello Comandante Interinale del settore", colonnello d'artiglieria Battaglia, che sostituiva il generale Ottorino Giannantoni, Comandante delle truppe in Tobruk, che alcuni giorni prima era stato portato all'ospedale di Bardia[34]. Nella sua sede di Tobruk, l'ammiraglio di divisione Giuseppe Lombardi, comandante di Marina Libia (Marilibia), assunse la direzione delle operazioni, coadiuvato dal suo capo di stato maggiore e comandante del porto, capitano di vascello Temistocle D'Aloja. Presente il colonnello Battaglia, essi esaminarono la situazione creatasi e presero accordi per le azioni di contrasto, disponendo[35]:
a) L'invio immediato, a mezzo di autocarri, del nucleo Comando del [3°] Battaglione S. Marco, a Marsa Umm Esc Sciausc, per fronteggiare l'infiltrazione nemica e riconquistare la batteria da 105 mm;
b) la costituzione presso il Comando Marina di una compagnia mista di difesa mobile, composta da 40 marinai, 40 CC. RR. del 18° Btg. e un plotone di 30 marinai germanici presentatisi per prendere ordini;
c) la dislocazione di rinforzi sulle banchine del porto e nei punti più importanti della base navale, utilizzando nuclei di marinai e di militari della P.A.O. [Polizia Africa Orientale – 25 uomini];
d) L'immediato richiamo dalla località di decentramento di una compagnia di marinai di 120 uomini, da tenersi su autocarri a disposizione del Comando.
Non fu possibile dare disposizioni alle tre moto dragamine germaniche che si trovavano in porto [in realtà erano quattro: R 10, R 12, R 13, R 16] per interruzione dei collegamenti, e neppure mettersi

---

34 ASMEUS, "Comando Supremo, Sintesi delle operazioni svoltesi in Cirenaica (Tobruk) nella notte dal 13 al 14 settembre 1942".
35 AUSMM, "Relazione sull'attacco nemico alla Piazza di Tobruk nella notte sul 14 settembre 1942", Marilibia, cartella 15.

▲ Bombardieri medi statunitensi B 25 del 12° Gruppo. La notte del 14 settembre andarono a bombardare il grande aeroporto di Quesada, dove tra l'altro si trovavano gli Ju 87 dei tre gruppi dello St.G.3. Ma la contraerea riuscì ad abbattere quattro velivoli, poiché nello sganciare le bombe avevano costituito un ottimo bersaglio lasciando le luci del vano del deposito bombe accese.

▼ Cannone contraereo italiano da 75/46 mm di una postazione di marinai.

in contatto con il comandante della base tedesca [Koruk 566], maggior generale Otto Deindl, per coordinare le azioni, essendo il suo Comando a 20 chilometri da Tobruk e risultando interrotte le linee di comunicazione. L'allarme era stato già stato dato ai tedeschi alle 22:45 del 13 settembre dal tenente Grelli del Comando della DICAT, al cui Gruppo Contraereo competeva la difesa contraerea della piazza assieme al Gruppo Contraereo delle batterie della Luftwaffe (Flakgruppe Tobruk con i Flag-Regiment 114° e 914°), al comando del colonnello Hartmann. Il tenente Grelli riferì che erano stati avvistati mezzi da sbarco nemici. In seguito a ciò tutti i duecento uomini delle postazioni contraeree tedesche furono messi in allerta per tenersi pronti a respingere l'attacco. Nel contempo, senza perdere tempo, con la consueta efficienza i tedeschi spostarono i loro micidiali complessi quadrinati di mitragliere da 20 mm verso la zona del porto, attendendo gli eventi.

Il generale Deindl, telefonando a Tobruk, fece conoscere al capitano Schultz-Ingenohol – da lui scelto per comandare tutte le forze tedesche in caso di attacco contro la zona del porto e della fortezza – che egli aveva assunto il comando di tutte le forze tedesche a Tobruk, e che presto vi avrebbe guidato forze avanzate lungo la Via Balbia per raggiungere la destinazione. Essendo stato informato alle 00:20 del 14 settembre dal capitano Schultz-Ingenohol che il nemico stava sbarcando 3 chilometri a est di Tobruk, il generale Deindl ordinò al 909° Battaglione motorizzato pionieri (Nachshub-Kol.Abt 909), che rinforzato da una compagnia aveva in organico 715 uomini: *"Sbarco di nemici a Tobruk. Spostarsi per coprire le linee Gazala fino alla via Balbia, il quartier generale del 909 nella Via Balbia al km 19 per essere a mia disposizione"*. Quindi, alle 00:30, il generale Deindl trasmise per radio: *"Allarme Sbarco[36]"*.

Poco dopo, mentre provvedeva a riunire le forze dei suoi due battaglioni (Pionieri 909° e 613° Polizia Morizzata Guardie Afrika) al chilometro 19 della Via Balbia per marciare su Tobruk, il generale Deindl comunicò all'ammiraglio Lombardi *"di aver assunto nella notte il Comando di tutte le forze tedesche della Piazza"*, che al comando del maggiore Hardt comprendevano per i vari servizi 1.440 uomini, cui se ne aggiungevano 310 della Luftwaffe comandati dal maggiore Schewe per il servizio negli aeroporti[37].

Ciò era di sua competenza, poiché all'ammiraglio Lombardi competeva il Comando di tutta l'organizzazione della Marina e dei i mezzi navali di Tobruk. Ma come vedremo, quando il generale Deindl arrivò al mattino con i suoi gruppi di formazione, in tempo per partecipare ai rastrellamenti, tutto era ormai praticamente finito, proprio per l'energica iniziativa dell'ammiraglio Lombardi.

Alle 02:10 il generale Deindl comunicò al maggiore Liehr, comandante del 613° Battaglione Polizia Motorizzata Guardie Afrika (con due compagnie la terza era a Marsa Matruh), che stava riunendo le sue truppe sulla Via Balbia, di muovere dal chilometro 19, *"lasciandosi dietro piccole forze sulla strada per proteggere la parte costiera a nord degli accampamenti"*. Aggiunse che stava trovando i mezzi di trasporto con i quali procedere poi speditamente verso Tobruk, spostandosi lungo la Via Balbia. Quindi era un aiuto per i difensori della piazzaforte che era ancora molto lontano. Oltre a queste misure prese dal generale Otto Deindl, altre forze terrestri stavano mettendosi in moto per accorrere nella zona interna di Tobruk, per far fallire lo sbarco britannico. Non era ancora neppure chiaro in quali zone stesse sbarcando il nemico, poiché i rapporti iniziali ricevuti dal comando non fornivano dettagli precisi, ma si riteneva che i britannici intendessero provare a *"prendere possesso della fortezza"*.

Questa minaccia fu sufficiente per il Comando del feldmaresciallo Erwin Rommel (AOK) per riunire una forza di truppe motorizzate tedesche per un possibile impiego in combattimento da realizzare nel caso i britannici fossero riusciti ad occupare Tobruk. Conseguentemente l'ordine d'impiego riguardò tre unità, che erano:

---

[36] Peter C. Smith, *Massacre at Tobruk*, cit., pp. 136-137.
[37] Le cifre delle forze tedesche, riferite agli organici e non alle disponibilità del momento, sono state riprese dal libro di Peter C. Smith, *Massacre at Tobruk*, che in molte parti è molto lacunoso e impreciso, in particolare sugli attacchi aerei. Il libro dell'Autore e del 1987 e a quel momento avevo già stampato da sette anni *La partecipazione tedesca alla guerra aeronavale nel Mediterraneo (1940-1945)*, dopo erano riportati, per l'azione di Tobruk, tutti gli attacchi della Luftwaffe, con ripartizione di aerei impiegati e dei loro reparti. Era poi seguito nel quotidiano "Il Giornale d'Italia" nei giorni 6 e 7 gennaio 1987 il mio articolo, ancora più completo di notizie, *Il fallito sbarco inglese a Tobruk del 14 Settembre 1942*, stampato da "Il Giornale d'Italia" il 7 gennaio 1987.

1º) il 580 Battaglione da ricognizione, a cui fu ordinato di trasferirsi immediatamente a Marsa Matruh;
2º) il 3º Battaglione da ricognizione che doveva prepararsi in attesa di un preavviso d'impiego;
3º) il Gruppo di battaglia "Everth" del DAK (Deutsches Afrikakorps) che doveva immediatamente radunare un gruppo da combattimento, pronto per partire immediatamente all'ordine, costituito da un battaglione di Panzer Grenadier e da un battaglione di artiglieria leggera.

***

Mentre nella piazzaforte veniva dato l'allarme, gli uomini del tenente colonnello Haselden, dopo aver conquistato la batteria n. 105 dell'Esercito italiano, alle dipendenze del 2º Reggimento Artiglieria Contraerea, erano stati fermati dal personale della vicina batteria S.P. 5 (ex "Grasso") della Regia Marina, situata a est di Marsa Beiad. Gli assaltatori, entrati nel recinto della postazione, uccidevano due militari di guardia, per poi impadronirsi del deposito munizioni. Ma gli uomini della batteria, trincerati dietro le piazzole dei tre cannoni da 152 mm, sparando con le armi individuali e lanciando bombe a mano, pur essendo in gran parte feriti resistettero opponendo per varie ore una tenace resistenza al nemico, che poi alle prime luci del giorno dovette arrendersi quando, su autocarri partiti alle 02:20 da Tobruk, sopraggiunse nella zona di Marsa Sciausc il nucleo comando del Battaglione San Marco guidato dal tenente di vascello Giacomo Colotto[38].
Questo reparto della Marina, *"con abile e decisa azione durata fino al mattino, contrastò l'infiltrazione del nemico, riuscendo all'alba a circondarlo e ad averne ragione. Le perdite del nemico in questo episodio furono 8 morti, 10 feriti gravi, 32 prigionieri[39]"*. Nell'ultima fase delle operazioni a Marsa Sciausc il reparto del San Marco fu rinforzato con la compagnia di 120 marinai organizzata per la difesa del Comando di Tobruk. Fra i caduti britannici, colpito alla testa sulla spiaggia intorno alle 03:30, vi fu anche il tenente colonnello Haselden, al quale, trovato con il mitra ancora stretto alle mani, fu reso, dagli italiani, l'onore delle armi. Complessivamente, nelle zone dei punti di sbarco, a parte i soldati britannici che riuscirono faticosamente a tornare sui cacciatorpediniere Sikh e Zulu e sulle motosiluranti, *"furono catturati 25 uomini nella zona di Marsa el Auda, 40 nella zona di Forte Perrone e 30 nella zona di Marsa Umm esc Sciausc. Un'altra cinquantina di prigionieri veniva poi catturata durante le operazioni di rastrellamento[40]"*.

▲ Il maggior Generale Otto Deindl con i suoi ufficiali. L'immagine è del maggio 1942.

38 A. Cocchia, *La difesa del traffico con l'Africa Settentrionale. Dal 1º ottobre 1941 al 30 settembre 1942*, vol. VII, Roma, Ufficio Storico della Marina Militare, Roma, 1962, p. 350.
39 AUSMM, "Relazione sull'attacco nemico alla Piazza di Tobruk nella notte del 14 settembre 1942", Marilibia, cartella 15.
40 ASMEUS, "Comando Supremo, Sintesi delle operazioni svoltesi in Cirenaica (Tobruk) nella notte dal 13 al 14 settembre 1942"

▲ Uomini del Battaglione San Marco a Tobruk.

Sempre all'alba, una volta che il commando britannico era stato sopraffatto, la batteria S.P. 5 poté prendere parte all'azione di fuoco contro le navi nemiche, sparando fino a grande distanza le sue grosse granate da 152 mm. Secondo quanto riportato nel Diario del Comando Supremo[41]: *le artiglierie terrestri, aperto il fuoco al momento dell'allarme aereo, non appena iniziati gli sbarchi agirono dapprima (ore 23:40) in corrispondenza della zona di sbarco di Marsa Umm Es Sciausc lasciando il compito della difesa contraerea alle batterie da 88 germaniche. Nella seconda parte dalla notte le artiglierie stesse agirono in due masse: una nella zona a nordovest di Tobruk (Marsa El Auda-Forte Perrone-Marsa Abd El Crim) l'altra nella zona a sud-est (Marsa Umm Esc Sciausc).*

Secondo la relazione dell'ammiraglio Lombardi (con buona pace dei tedeschi che ritenevano di aver fatto tutto loro) partecipavano all'azione di fuoco le Batterie della Regia Marina: S.P. 5 (tre cannoni da 152/45), S.P. 3 (quattro cannoni da 120/50), S.P. 21 (due cannoni in impianto binato da 120/45), n. 19 (quattro cannoni da 76/40); e le Batterie della Milmart: 2ª (quattro cannoni da 102/35), 6ª (due cannoni da 102/35), 25ª (quattro cannoni da 76/40); 29ª (due cannoni da 76/30), 27ª (cinque mitragliere da 37/45), 28ª (cinque mitragliere da 20/65). Non conosciamo, a parte la batteria n. 105, quale fu l'impiego delle varie artiglierie del 2° Reggimento contraerei, il primo reparto italiano che si era impegnato in combattimento contro lo sbarco dei Royal Marines a Marsa el-Auda.

Pertanto, di fronte ad una reazione di fuoco inaspettata, l'intero attacco frontale britannico, realizzato peraltro, per eccesso di fiducia, con forze assolutamente insufficienti, era destinato a fallire ovunque. E questo grazie alla reazione delle sole forze coordinate dall'ammiraglio Lombardi, compresi i marinai tedeschi di Tobruk, dal momento che il personale della Flak restò nelle sue posizioni difensive delle batterie, mentre le truppe del generale Deindl arrivarono, in una certa entità per essere impiegate nell'azione soltanto dopo le ore 05:30. Pertanto, era specificato nella relazione del Comando Supremo italiano[42]: *le nostre truppe si sono comportate tutte valorosamente, resistendo in posto, intervenendo prontamente, contrattaccando. Vivissimo spirito di collaborazione, specie fra le due Forze Armate – Marina ed Esercito – alle quali incombette l'onore e l'onere della lotta durante la notte. La manovra dei pochi uomini e delle artiglierie, razionalmente condotta, ha permesso di conseguire i massimi risultati. Ottima l'azione di comando del Comandante interinale del settore [colonnello Battaglia] e di coordinamento del Comandate la Piazza di Tobruk. L'azione costituisce una brillante vittoria italiana. [Ammiraglio Lombardi]*

▲ Soldati italiani difendono un tratto di costa, armati di fucile mitragliatore, del fucile 91 e di bombe a mano.

---

41 SMEUS, Diario Storico del Comando Supremo, vol. e VIII, tomo II, Allegati, Roma, 1999, p. 63.
42 ASMEUS, "Comando Supremo, Sintesi delle operazioni svoltesi in Cirenaica (Tobruk) nella notte dal 13 al 14 settembre 1942".

▲ Mitragliera pesante Breda Mod. 37/54, raffreddata ad aria. Cinque di queste armi contraeree e terrestri si trovavano nella batteria n. 27 della Milmart, e intervennero nei combattimenti per la difesa di Tobruk.

▼ Cannone italiano da 105 mm del Regio Esercito in postazione a Tobruk, per la difesa del perimetro della fortezza.

IL FALLIMENTO DELLE MOTOSILURANTI BRITANNICHE DI FORZARE L'ENTRATA DEL PORTO DI TOBRUK

Alle 01:45 del 14 settembre le sei motosiluranti della Forza C, con il comandante, capitano di vascello Denis Jermain sulla MTB 309, raggiunsero una distanza di 2 miglia per 270 gradi da Punta Tobruk. Alle 02:00 una delle unità della 15ª Flottiglia riferì alla MTB 309 che aveva ricevuto il segnale "Nigger", trasmesso dai segnalatori e indicante che Mersa Sciausc era stata catturata e le motosiluranti potevano avvicinarsi per sbarcare i soldati. Immediatamente il comandante Jermain diresse con le sue unità verso la costa meridionale della rada di Tobruk per cercare le luci rosse di segnalazione, che dovevano esservi esposte. ma per quanto lui e gli altri ufficiali scrutassero nell'oscurità non videro nulla. Il tenente Tommy B. Langton, il comandante dei segnalatori del SAS, scrisse nella sua relazione che la lampada Aldis da impiegare per dare via libera alle siluranti era inutilizzabile, e che quindi dovette usare una torcia per trasmettere i tre convenuti segnali "Ts" rossi ogni due minuti. Non vedendo i segnali, il comandante Jermain decise allora di fare la cosa ritenuta migliore: entrare nel porto di Tobruk con le sei motosiluranti per sbarcare le truppe e vedere se c'era qualche nave nemica da attaccare.

Le prime ad avvicinarsi furono la MTB 309, MTB 262 e MTB 266, ma immediatamente, secondo il comandante Jermain, *"i tedeschi"* aprirono il pesante fuoco incrociato sulle tre imbarcazioni con artiglieria leggera e armi di piccolo calibro sparate da entrambi i lati dell'insenatura, e dell'ingresso alla rada, e di artiglieria pesante e piccolo calibro dalla sponda nord del porto. E scrisse nel suo rapporto: *"Era ovvio per me, a causa della pesante opposizione, che Mersa Sciausc non fosse stato catturato dalle truppe britanniche, o che quelle truppe fossero state respinte*[43]*"*.

Quel primo tentativo delle motosiluranti britanniche di sbarcare le truppe, verificatosi dopo che la Forza B aveva segnalato che la strada era libera, fallì soprattutto per la pronta reazione della motozattera italiana MZ 733 (sottotenente di vascello Calderara), dislocata con la MZ 759 (tenente di vascello. Fulvi) in rinforzo vicino alle ostruzioni all'ingresso della rada, mentre una terza motozattera, la MZ 756, era da poche ore decentrata a Marsa el Baiad. All'01:00 la MZ 733 trasmise al Comando Marina Tobruk: *"Motosiluranti nemiche cercavano di forzare le ostruzioni. Vado all'attacco"*; in questo scontro tra motozattere e motosiluranti, i marinai della MZ 733, trincerati dietro sacchetti di sabbia, cominciarono a sparare con mitra e moschetti e quando il cannone da 76 a poppa ebbe finite le munizioni, continuò a sparare contro gli scafi avversari, tenendoli lontani, impiegando proiettili illuminanti.

Soltanto le due motosiluranti MTB 314 (tenente di vascello Harwin Woodthorpe Sheldrick) e MTB 261 (tenente di vascello C.C. Anderson), agendo indipendentemente, riuscirono ad entrare in un'insenatura e scaricare una sezione di fucilieri del Reggimento Royal Northumberland. La MTB 314, con a bordo il tenente di vascello. C.P. Everson, forse essendo stata colpita dal tiro della MZ 733 e mal governando, s'incagliò sulla costa rocciosa e non fu possibile liberarla.

Nel frattempo il tenente Langton, lasciata la torcia di segnalazione accesa in una roccia, si era recato al punto di sbarco e trovò la MTB 314 e la MBT 261 che stavano scaricando gli uomini e il materiale. Quindi tornò dove aveva lasciato la torcia elettrica, e poco dopo vide la forte luce di un riflettore che si accendeva sulla riva opposta del porto verso il mare per poi andare ad illuminare una motosiluranti e spostando il suo fascio andare a cercarne altre.

Si trattava del gruppo di motosiluranti del capitano di fregata Robert Alexander Allen, comandante della 10ª Flottiglia, che era arrivato davanti a Tobruk poco dopo i sei scafi del capitano di vascello Jermain.

---

43 Dudley B.E. Pope, *Flag 4-The Battle of Coastal Forces in the Mediterranean 1939-1945*, London, Chatham Publishing, 1954, p. 60.

I riflettori del nemico stavano attraversando l'acqua come linee rosse e, in uno scenario fantastico, i fasci dei proiettori si muovevano attraverso il mare, cercando di localizzare un bersaglio per le loro artiglierie. Il comandante Allan non riuscì a trovare un passaggio nella difesa dello sbarramento, e quindi tre delle sue MTB lanciarono siluri verso lo sbarramento stesso per tentare di farne esplodere una parte per aprire un varco. Ma i britannici furono sfortunati, perché ogni volta che tentavano di avvicinarsi per scoprire qualcosa, i fasci di luce dei riflettori del porto dirigevano verso di loro.

Secondo il rapporto dell'ammiraglio Lombardi, di motozattere, armate con un cannone da 76 mm e una mitragliera da 20 mm, a Tobruk ve ne erano ventidue della Regia Marina (del tipo tedesco MFP, costruite nei cantieri italiani), a cui se ne dovevano aggiungere altre sette da parte tedesca [F 343, F 349, F 352, F 358, F 359, F 360 e F 362]; ma soltanto verso l'alba esse furono dislocate in posizione opportuna per concorrere alla difesa della base e del porto, ragion per cui nel momento più caldo della prima azione nemica poterono impegnarsi con successo soltanto le tre citate motozattere MZ 733, MZ 756 e MZ 759. Anche il secondo tentativo delle motosiluranti della Forza C di forzare il blocco per sbarcare le truppe a Marsa Sciausc, fallì intorno alle 03:30 del 14 settembre.

Giunte a lento moto sotto costa per eludere l'esplorazione, le motosiluranti non riuscirono a passare per l'energica reazione esercitata dalla motozattera MZ 756 (sottotenente di vascello Longo), che avvistato il nemico reagì con le sue armi, il cannone da 76 mm e la mitragliera da 20 mm. Subito dopo aprirono il fuoco i cannoni da delle torpediniere italiane Castore (tre pezzi da 100 mm), Generale Carlo Montanari e Generale Antonino Cascino (sei pezzi da 102 mm ciascuna[44]), e i due cannoni da 120 mm della batteria Dandolo.

Ma in particolare, gli equipaggi britannici restarono impressionati dal tiro delle mitragliere quadrinate tedesche da 20 mm della 3ª batteria del 914° Reggimento (3./914) del Gruppo Contraereo Tobruk, che essendosi tempestivamente spostata dalla sua normale postazione nella zona del porto, sviluppò un fuoco pesante sulle motosiluranti che tentavano di avvicinarsi all'entrata della baia di Mersa es Sciausc. Al loro tiro si aggiunse quello delle mitragliere quadruple da 20 mm del batteria 4./914 del capitano Frintrop, e tutto ciò contribuì alla decisione delle motosiluranti a scafo sottile di ritirarsi.

Nessuno, a quanto sembra, si accorse dei siluri lanciati su bersagli intravisti nella baia dalle tre motosiluranti che si persero senza fare allo sbarramento difensivo del porto o alle navi che vi si trovavano alcun danno. Da parte italiana fu ritenuto che una delle motosiluranti britanniche centrata dai proietti si stesse allontanarsi con incendio a bordo e lunga scia di fumo.

Il comandante Jermain si ritirò verso oriente in considerazione del notevole volume di fuoco di armi leggere che il nemico sparava contro le sue unità, che erano sparpagliate. Ne riunì tre e alle 05:45 fece un ulteriore tentativo per entrare in Marsa Sciausc, ma ancora una volta incontrò un micidiale fuoco di sbarramento con armi pesanti e leggere. Allora il comandante Jermain si ritirò di nuovo, progettando di provare un nuovo tentativo all'alba; ma poco dopo il sorgere del sole con l'inizio degli attacchi aerei, per ordine ricevuto, dovette segnalare alle quattro motosiluranti che erano con lui e a due motolance che si trovavano vicino, di riprendere la rotta per rientrare ad Alessandria.

---

[44] Ciascuna torpediniera era armata con tre cannoni, la Castore da 100 mm, la Cascino e Montanari da 102 mm. Inoltre ciascuna torpediniera disponeva di quattro complessi di mitragliere binate da 20 mm.

▲ Una motozattera della Regia Marina procede lungo le rocciose e scoscese coste libiche. Erano armate con un cannone da 76 mm e con una mitragliera singola da 20 mm situati a poppa. In una successiva versione fu aggiunta, a mezzo scafo, una seconda mitragliera de 20 mm.

▼ La torpediniera Castore della classe "Spica" in un porto libico protetta dal recinto delle reti parasiluri.

▲ La vecchia torpediniera Antonino Cascino.

▼ Mitragliere quadruple della Flak da 20 mm Flakvierling 38.

L'AFFONDAMENTO DEL CACCIATORPEDINIERE SIKH

Nel frattempo che lo sbarco delle truppe della Forza C non riusciva, ma anzi si trasformava in un disastro per gli attaccanti, si verificava una grossa perdita per la Forza A. Poco prima delle ore 01:00 del 14 settembre i cacciatorpediniere Sikh e Zulu avevano raggiunto le posizioni loro assegnate al largo di Marsa el Mreisa, dando inizio allo sbarco del primo contingente dei 350 soldati che trasportavano[45]. Ma i canotti Carley, messi in mare, che era alquanto mosso, dopo aver portato a terra un primo nucleo di 70 Royal Marines, non tornarono indietro. E ciò avvenne per un errore da parte del sommergibile della 1ª Flottiglia Taku (capitano di corvetta Jack Gethin Hopkins) che, partito da Porto Said il 9 settembre, sbagliando il riconoscimento della costa, fece sbarcare i segnalatori a Marsa el Adua; ossia in un punto situato a 5 km più a ponente di Marsa el Mreisa, dove i segnali con luci rosse provenienti da terra (ore 02:45) indirizzarono i natanti con le truppe[46].

▲ Un complesso binato di cannoni da 120 mm in torretta scudata del cacciatorpediniere Zulu. I serventi caricano i pezzi.

45 Dudley B.E. Pope, *Flag 4-The Battle of Coastal Forces in the Mediterranean 1939-1945*, London, Chatham Publishing, 1954, p. 60.
46 La presenza del Taku al largo di Tobruk era stata segnalata al locale Comando Marina al tramonto del 13 settembre, e in seguito a ciò un convoglio composto dal piroscafo Sibilla scortato dalla torpediniera Montanari, salpato dal porto poco tempo prima, aveva avuto l'ordine di rientrare immediatamente. La ricerca del sommergibile da parte di tutti i mezzi navali disponibili a Tobruk rimase infruttuosa. Cfr. AUSMM, Marilibia, b. 15, "Relazione sull'attacco nemico alla Piazza di Tobruk nella notte sul 14 settembre 1942".

Il maggiore R.P. Livingstone ha descritto il drammatico episodio dello sbarco come segue[47]: *il mare era tutt'altro che calmo, i cacciatorpediniere rollavano e le chiatte che dovevano essere rimorchiate da due motolance, riuscivano appena a stare a galla, ma in qualche modo gli uomini della prima squadra riuscirono a discendervi, e alle 3:48 le due file di goffe imbarcazioni diressero incerte nell'oscurità verso l'unica fioca luce che si poteva scorgere a terra. Mezz'ora più tardi, arrivo da parte del colonnello Unwin una segnalazione radio. Il suo motore si era guastato e lui e le imbarcazioni da lui rimorchiate stavano andando alla deriva, senza poter né arrivare a riva né tornare alle navi. Cosicché dei fucilieri di marina, metà si trovavano ancora a bordo dei cacciatorpediniere, un quarto andava alla deriva e il quarto restante era, forse a terra, ma senza apparecchi per comunicare, perché quella del colonnello Unwin era l'unica radio.*

Alle ore 05:00 sulla spiaggia si cominciò a combattere; i cacciatorpediniere si avvicinarono ancor di più verso terra, e il Sikh trovò alcune delle chiatte alla deriva. Mentre ne stava raccogliendo gli uomini, alcuni riflettori si accesero nel cielo, ondeggiarono e poi si appuntarono in pieno sul cacciatorpediniere. Da breve distanza le batterie costiere aprirono il fuoco, a puntamento diretto, e ad esse si unirono i cannoni contraerei da 88.

Ne risultò che sebbene il Sikh e lo Zulu avessero messo a terra a Marsa el Mreisa una compagnia di due plotoni di Royal Marines al comando del maggiore Jack Hedley, in seguito al disservizio dei segnalatori del sommergibile Taku lo sbarco, già contrastato sulla spiaggia dagli artiglieri italiani del 2° reggimento contraerei schierati nella zona, che aprirono il fuoco sui natanti da sbarco nemici, illuminati alla distanza di 700 m con i riflettori con mitragliatrici, e mortai, finì per concludersi con la cattura di tutti i soldati britannici; e ciò avvenne anche per il sopraggiungere della compagnia mista di difesa mobile, comprendente quaranta marinai, quaranta Reali Carabinieri del 18° Battaglione, e un plotone di trenta marinai tedeschi dell'Ufficio Trasporti Marittimi di Tobruk comandato dal capitano di corvetta Paul Meixner, Capo dell'Ufficio Sbarchi con il Nord Africa (Seetransportchef für Nordafrika).

A questi centodieci uomini, frettolosamente racimolati a Tobruk e inviati a fronteggiare la minaccia che si profilava a settentrione della base, si aggiunsero, durante la marcia di trasferimento, altri cinquanta carabinieri con il comandante del 18° battaglione[48].

Il maggiore Hadley con altri 21 marine, gli unici superstiti dei suoi due plotoni che si erano mantenuti nascosti in un wadi, si arrese al mattino durante il rastrellamento delle truppe italiane.

In una relazione del Comando Supremo è scritto[49]: *Le nostre forze a terra – riuscite ovunque a contenere il nemico – passavano decisamente al contrattacco. In seguito si univano, a loro rinforzo, gruppi di formazione tedeschi nel frattempo sopraggiunti. Le azioni, in corrispondenza dei vari punti di sbarco, si concludevano col ributtare ovunque l'avversario, catturandogli 25 prigionieri nella zona di Marsa Auda, 40 nella zona di Forte Perrone e 30 nella zona di Marsa Umm esc Sciausc. Un'altra cinquantina di prigionieri veniva poi catturata durante le operazioni di rastrellamento. In totale, a terra furono contati 58 morti britannici, senza considerare quelli caduti in mare o affogati quando i loro goffi e poco manovrabili barconi da sbarco furono sbattuti contro le rocce, e catturati 650 prigionieri, fra cui oltre 30 ufficiali, per la maggior parte recuperati in mare.*

Degli uomini impegnati a terra contro la piazzaforte di Tobruk, solo dieci riuscirono a intraprendere la lunga marcia per raggiungere El Alamein, ma soltanto sei di essi, con il tenente David Lanark (vero nome David Russell) poterono rientrarono alle linee britanniche, che raggiunsero il 18 novembre dopo una lunghissima marcia, sopravvivendo soltanto per l'aiuto ricevuto dagli arabi.

---

47 R.P. Livingstone, "Le grandi incursioni nel deserto", *Storia della seconda guerra mondiale*, cit., p. 3.
48 Per la difesa della piazzaforte di Tobruk vi si trovavano il 3° Battaglione San Marco della Marina con 460 uomini, circa 100 carabinieri del 18° Battaglione, elementi del 5° Battaglione libico, una compagnia di formazione della Marina, e serventi delle numerose postazioni costiere, dodici delle quali contraeree, queste ultime rappresentate, come detto, da sei batterie di cannoni tedeschi da 88 e 20 mm, e da sei batterie di cannoni vari italiani del 1° Gruppo della MILMART (Milizia Marittima di Artiglieria). Durante il giorno prestavano servizio anche due battaglioni con circa 700 soldati tedeschi, che però prima di notte si trasferivano in una base distante diversi chilometri da Tobruk. Restavano alle loro postazioni i serventi delle batterie contraeree e costiere, e gli uomini impegnati in posti di blocco lungo la strada di accesso a Tobruk.
49 ASMEUS, "Comando Supremo, Sintesi delle operazioni svoltesi in Cirenaica (Tobruk) nella notte dal 13 al 14 settembre 1942".

▲ Il sommergibile britannico Taku, che trasportò i segnalatori per lo sbarco dei marine dai cacciatorpediniere della Forza A, sulla parte settentrionale della penisola di Tobruk.

▼ Da sinistra, il capitano di vascello St. John Aldrich Micklethwait, comandante del Sikh e della 22ª Flottiglia Cacciatorpediniere della Mediterranean Fleet, e il tenente colonnello E.H.M. Urwin, Comandante dell'11° Battaglione. Royal Marines.

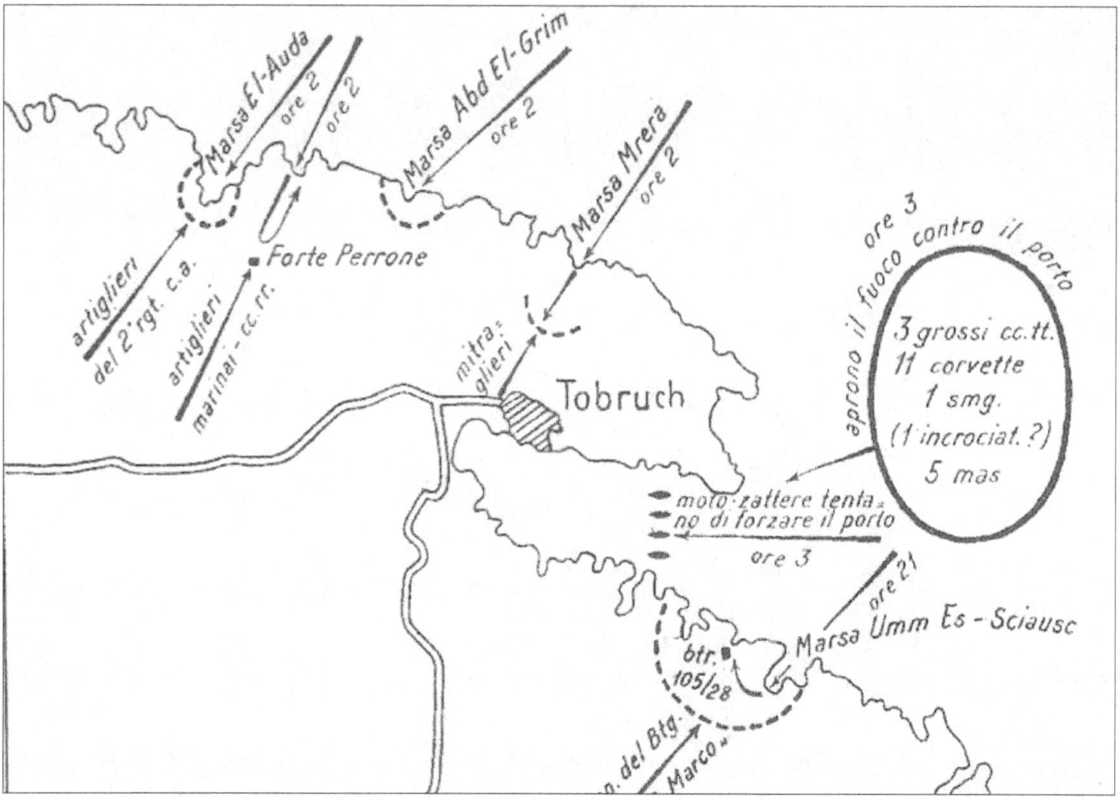

▲ L'attacco britannico a Tobruk nella notte del 13-14 settembre 1942. Carta dello Stato Maggiore del Regio Esercito, dal Diario Storico del Comando Supremo.

▼ Marine della Forza A, recuperati da un cacciatorpediniere, dormono stremati sul ponte.

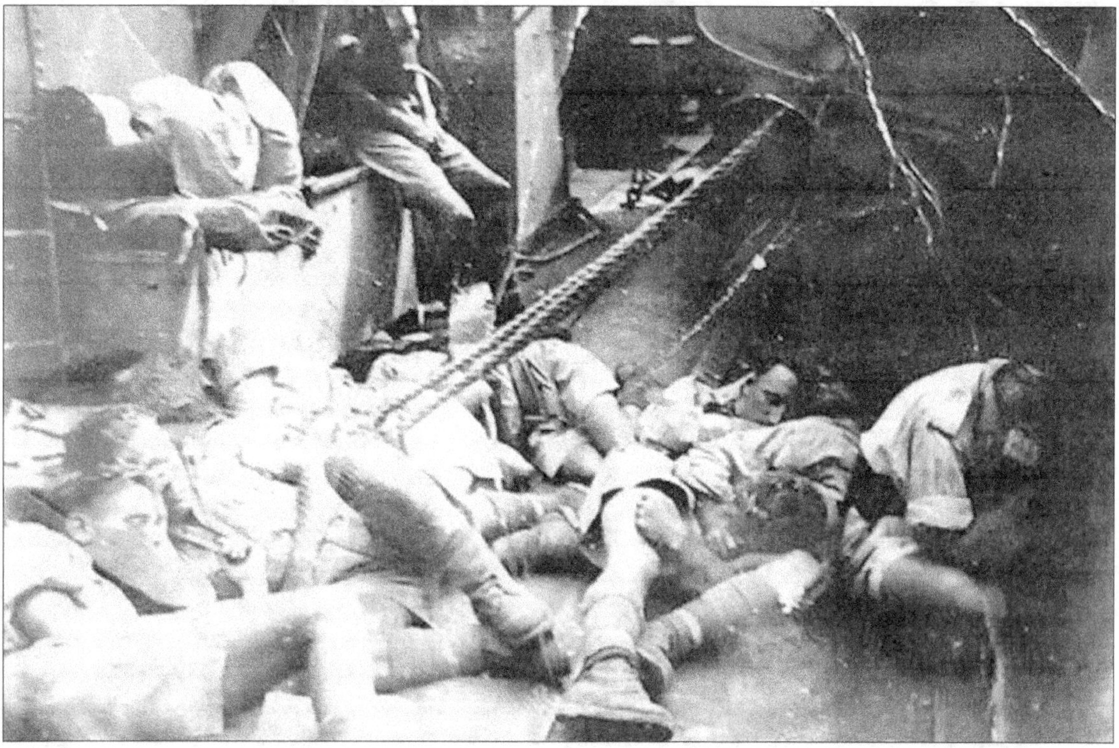

Complessivamente, secondo i dati riportati nel Diario Storico del Comando Supremo sulla scorta di un rapporto giunto dal Comando del feldmaresciallo Rommel, le perdite delle forze dell'Asse riportate a Tobruk nella giornata del 14 settembre furono rappresentate da *"54 morti e 29 feriti tra il personale della Regia Marina e battaglione "S.Marco", 16 morti (1 tedesco) e circa 50 feriti (7 tedeschi) tra i reparti terrestri[50]"*. Secondo altre fonti successive i caduti italo - tedeschi sarebbero stati complessivamente 62 e i feriti 119. Mentre era in corso l'attacco britannico, da parte italiana furono fatti affluire a Tobruk, con mezzi ruotati partiti da Derna, Bir el Gazala, Bi Amu e Bardia, numerosi rinforzi. Essi comprendevano quattro battaglioni di truppa, due batterie di artiglieria, un gruppo autoblindo, un comando di reggimento, che però in seguito alle segnalazioni provenienti da Tobruk indicanti che l'azione nemica era fallita, non fu necessario far entrare in azione. Da parte tedesca i reparti motorizzati che erano in marcia da Marsa Matruh o che si tenevano pronti a ricevere l'ordine di partenza dalla linea del fronte di El Alamein, nel timore che i britannici potessero impossessarsi della piazza di Tobruk, furono richiamarli quando il Comando del feldmaresciallo Rommel si rese conto che le forze che si trovavano nella piazzaforte erano riuscite da sole *"a ristabilire la situazione"[51]*.

Alle 05:26 del 14 settembre il Comandante in Capo del Mediterraneo, ammiraglio Harwood, segnalò all'Ammiragliato britannico che lo sbarco della Forza A era fallito e che il cacciatorpediniere Sikh era stato colpito e immobilizzato, e alle 06:23 aggiunse che il comandante della forza C nella zona di Tobruk aveva riferito quale fosse la situazione e che doveva ordinare alle rimanenti motosiluranti di ritirarsi[52]. Secondo i rapporti italiani, durante le tormentate operazioni di sbarco delle truppe britanniche, i cacciatorpediniere Sikh e Zulu avevano aperto il fuoco alle 04:00 dalla distanza di 6.000 m, prendendo di mira le batterie costiere e gli obiettivi navali nel porto. Le batterie, illuminando con i riflettori le due unità navali, risposero prontamente, anche da breve distanza, con tiro a puntamento diretto, facendo anche uso di proiettili illuminanti. Parteciparono all'azione di fuoco le batterie della Marina "Belotti" con quattro cannoni da 145 mm, "S.P. 3" (ex "Tordo") con quattro cannoni da 120 mm, e "S.P. 21" (ex "Dandolo"), con un complesso binato da 120 mm, e successivamente, verso la fine dell'azione, intorno alle 05.00, anche la batteria "S.P. 5" (ex "Grasso"), liberatasi dalla pressione dei commando che l'avevano attaccata, sparando con i suoi tre pezzi da 152 mm[53]. Spalleggiate validamente dai sei cannoni germanici da 88 mm della 76ª Batteria (tenente Müller-Frank) del 1° Reparto del 46° Reggimento Contraerei germanico (Flak-Abt. I./46), alle dipendenze del maggiore Wilhelm Wegener e ubicata a Punta Tobruk, le artiglierie della Regia Marina spararono ininterrottamente sui due cacciatorpediniere britannici fino a giorno fatto, con ottimi risultati.

Intervenendo anche contro gli aerei, le sole batterie della Marina spararono 2.316 proietti, dei quali 37 da 152 mm, 668 da 120, 689 da 102, 922 da 76, 169 da 37 mm. Vediamo dalla relazione dell'ammiraglio Lombardi come si sviluppò l'azione di fuoco delle batterie contro i due cacciatorpediniere britannici:
Alle 04:00 circa vennero avvistate a circa 6000 metri dalla costa, prima una e poi altre due, sagome di navi nemiche, che furono ritenute dapprima incrociatori mentre si trattava in effetto di grandi cacciatorpediniere. Poco dopo le due unità nemiche aprirono il fuoco contro le batterie costiere, che prontamente risposero facendo anche uso di illuminanti. L'azione di fuoco dura ininterrotta fino a giorno fatto. Molte salve caddero nella zona nord di Tobruk intorno alle batterie costiere; altre in porto e sul costone sud. Le salve, che sembrarono talora del calibro di 152 mm, talaltra da 120 mm erano abbastanza raccolte e di almeno quattro colpi ciascuna. Risultò dall'azione di bombardamento navale colpito solo il piroscafo SIBILLA, da due colpi da 100, sul lato sinistro dell'opera morta; uno dei colpi esploso con lievi danni l'altro non esplose. Al tiro contro il nemico presero parte le batterie di medio calibro ed antiaeree schierate nella zona nord; e verso la fine dell'azione anche la batteria ex GRASSO (R. Marina S.P. 5) liberatasi, con il concorso del battaglione San Marco, dagli assaltatori.

---

50 SMEUS, Diario Storico del Comando Supremo, vol. e VIII, tomo II, Allegati, Roma, 1999, p. 140.
51 ASMEUS, "Comando Supremo, Sintesi delle operazioni svoltesi in Cirenaica (Tobruk) nella notte dal 13 al 14 settembre 1942"; Erwin Rommel, *Guerra senza odio (titolo originale Krieg ohne hass)*, Milano, Garzanti, 1952, p. 229.
52 National Archives, ADM 223/565.
53 AUSMM, "Comando Marina Tobruk, Attacco nemico alla Piazza di Tobruk", Marilibia, cartella 15.

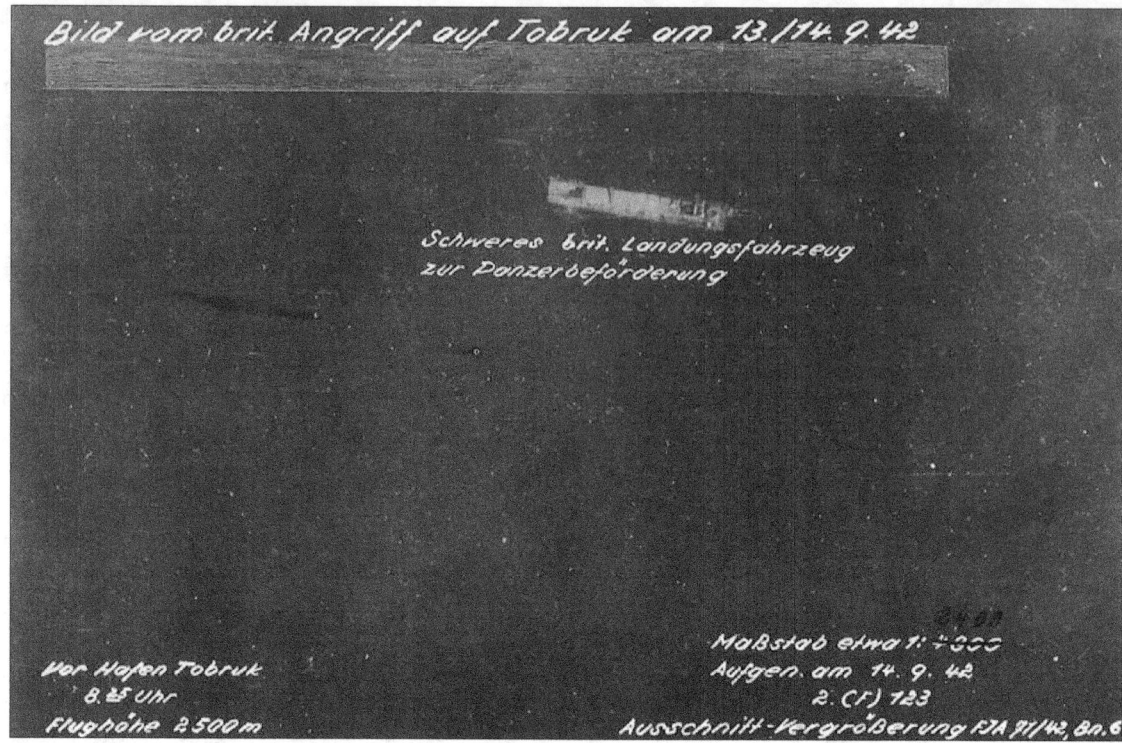

▲ L'immagine, ripresa alle 08:25 del 14 settembre da uno Ju 88 D da ricognizione della 2.(F)/123 del X Fliegerkorps mostra, secondo la didascalia, un mezzo da sbarco in stato di affondamento. Dalla forma sembra invece trattarsi di una motozattera dell'Asse. Secondo il Diario di Guerra della Marina Germanica del 13 settembre, una motozattera tedesca era andata ad incagliarsi in bassi fondali dopo l'esplosione di una mina.

▼ I modesti barconi da sbarco britannici impiegati a rimorchio abbandonati lungo la costa settentrionale della penisola di Tobruk e catturati dai tedeschi.

▲ Batteria di cannoni costieri da 152/50 mm della MILMART, simili a quelli che difendevano la piazzaforte di Tobruk nella batteria S.P. 5 (ex Grasso). In alto a destra un grosso proiettore per illuminare di notte navi e aerei nemici avvistati in mare.

▼ La medesima batteria sta per ricevere il segnale di aprire il fuoco.

La batteria ex DANDOLO da 120 (R. Marina S.P. 21) benché ancora in corso di montamento entrò in azione con un pezzo binato armato da personale della R. Marina addetto ai lavori.

Alle prime luci dell'alba, le unità nemiche vengono riconosciute per cacciatorpediniere tipo SIKH. Verso le 04:55 in seguito ad una salva di medio calibro [e quindi non pezzi da 88 mm] si manifestò su un cacciatorpediniere nemico [SIKH] un incendio a prora. L'unità si coprì con cortine di nebbia distese anche da altro cacciatorpediniere [ZULU], e si allontanò lentamente verso nord-est. Verso le 05:00 altra unità nemica venne colpita a poppa da una salva e rimase immobilizzata .... S'inviò il rimorchiatore VEGA per tentare il rimorchio di uno dei due cacciatorpediniere colpiti (identificato di poi il SIKH) il quale però affondò alle 07:52. Poco dopo l'affondamento del SIKH saltò in aria con forte esplosione l'altro cacciatorpediniere (identificato poi per lo ZULU) che si era allontanato con incendio a bordo.

Anche dalla Relazione di Supermarina "Danni inflitti al Nemico", risulta che "*verso le 04:00 due cacciatorpediniere nemici [poi accertato per Sikh e Zulu] aprirono il fuco contro terra, ma furono prontamente controbattuti dalle nostre batterie antinave [Tordo e Dandolo]. Alle 04:20 un cacciatorpediniere [Sikh] fu colpito da una salva e fu visto svilupparglisi incendio a prora: l'unità si allontanò per nord-est coperta da nebbia distesa dall'altro cacciatorpediniere. Alle 06:30 anche questo fu colpito [era sempre il Sikh] da una salva a poppa e rimase immobilizzato. Verso le 06:00 anche tre motosiluranti furono colpite dal tiro delle batterie ... Alle 07:52 affondava presso Tobruk il cacciatorpediniere immobilizzato alle 06:30.*

Infine, secondo un'approfondita relazione di Supermarina, alle 05:05 un cacciatorpediniere fu inquadrato da un salva di medio calibro, e fu visto svilupparsi un incendio a prora. L'unità fu coperta da una cortina di fumo stesa da un altro cacciatorpediniere, e si allontanò lentamente verso nord est. Poi, verso le 05:55 una delle due unità nemiche fu colpita a poppa da una salva e restò immobilizzata[54]. Questa esposizione dei fatti, con orari precisi, serve poi per fare un confronto su quali realmente furono i colpi messi a segno, e che fecero più danno, dalle batterie italiane sui due cacciatorpediniere britannici.

▲ Un cannone contraereo italiano da 75 mm.

---

54 AUSMM, "Relazione sull'attacco nemico alla Piazza di Tobruk nella notte sul 14 settembre 1942", Marilibia, cartella 15.

Il primo cacciatorpediniere ad essere preso di mira fu il Sikh, comandato dal capitano di vascello St. John Aldrich Micklethwait, che si era diretto verso la costa per ricercare i natanti che non erano rientrati dopo lo sbarco delle prime truppe. Mentre il Sikh raccoglieva i soldati sulle loro imbarcazioni alle ore 05:05 [circa le ore 04:00 per gli italiani] improvvisamente si accese un faro sulla costa. Lo Zulu si allontanò rapidamente, mentre invece il Sikh venne a trovarsi sul fascio di luce del riflettore, e subito le batterie costiere italiane Tordo e Dandolo aprirono il fuoco con i cannoni da 152 e 102 mm. Un proiettile di medio calibro, esploso sul Sikh nella zona della timoneria, danneggiò il sistema di alimentazione della lubrificazione e del timone immobilizzandolo. Un secondo colpo a prora fece esplodere il deposito delle munizioni dei cannoni della torre binata A dando origine ad un violento incendio che uccise, ferì o ustionò nel ponte i Royal Marines che erano stati appena recuperati dalle loro piccole imbarcazioni e ne intrappolò altri nei ponti inferiori.

A questo punto i cannoni delle torri prodiere A e B risposero al fuoco mirando ai riflettori ma con scarsi effetti. Nel frattempo era entrata in azione la batteria tedesca della Flak (I/43) con cannoni da 88 mm. Il Sikh per l'avaria del timone girò in circolo alla velocità di 10 nodi, che però tendeva a diminuire. Un terzo proiettile colpì la direzione del telemetro e da quel momento in poi tutti i cannoni del cacciatorpediniere dovettero sparare sotto il controllo visivo. Mentre il Sikh, alle 05:20, si fermava in fiamme, incapace, anche per i danni al timone, di realizzare un qualsiasi movimento, il Capitano Micklethwait fece fermare le macchine e ordinò allo Zulu di prendere a rimorchio il suo cacciatorpediniere. Quindi, avendo constatato che altri riflettori avevano avvistato verso est alcuni motosiluranti e che anch'esse si trovavano sotto tiro, ritenendo che la partita era perduta ed era il momento di risparmiare ulteriore perdite e di salvare il salvabile, ordinò a tutte le forze navali britanniche di allontanarsi.

▲ Un cannone da 88 mm tedesco viene sistemato in posizione di difesa costiera. A Tobruk equipaggiava la 76ª batteria del 46° Reggimento Contraerei (Flak) intervenuta, da punta Tobruk, contro le navi britanniche assieme a quattro batterie italiane con cannoni da 102, 120, 152 mm.

▲ In secco, il barcone 2 L. FIt, catturato da marinai tedeschi che vi hanno issato la loro bandiera.

▼ Lo stesso ripreso in mare vicino alla costa del porto di Tobruk.

Il cacciatorpediniere Zulu, comandato dal capitano di fregata Richard Taylor White, rimasto anch'esso colpito e danneggiato dalla pioggia di proiettili sparati dalle batterie costiere, preso a rimorchio il Sikh, alle 05:30, tentò di trascinarlo verso il largo. Ma durante il traino, un proiettile colpì lo Zulu sul cassero facendogli mollare il cavo di rimorchio con il Sikh, che fu nuovamente colpito da un quarto proiettile originando lo sviluppo di un forte incendio a poppa. Un quinto proiettile colpì a prora la torre B uccidendo i serventi dei cannoni. Altri uomini presero il loro posto e i due cannoni continuato a sparare. Nel frattempo lo Zulu tentò di riprendere nuovamente il rimorchio del Sikh che però fu colpito da un sesto proiettile sul ponte, che aumento l'intensità degli incendi. Ormai era l'alba e i due cacciatorpediniere britannici, visibili al tiro delle artiglierie nemiche (delle batterie italiane Tordo, Dandolo, e Grasso e della tedesca I/76) fissato il rimorchio, stavano per cominciare a muovere per allontanarsi dalla costa quando un altro proiettile colpì la zona del cavo di traino del Sikh che nuovamente si staccò.

Non c'era speranza di salvare l'assai danneggiato cacciatorpediniere. Lo Zulu stese una cortina di fumo intorno al Sikh e nuovamente si avvicinò ad esso con l'intensione di prendere a bordo l'equipaggio. Ma la manovra, sotto una pioggia di proiettili, era troppo pericolosa, e il capitano Micklethwait, saggiamente, ordinò allo Zulu – che era stato colpito da due proiettili riportando vari danni strutturali e leggeri allagamenti in quattro compartimenti – di allontanarsi per mettersi in salvo. I proiettili dei cannoni italiani e tedeschi continuarono a colpire il Sikh, che poté rispondere al fuoco soltanto con la torre poppiera X fin quando i proiettili del suo deposito non si esaurirono, e non vi erano possibilità di portarne altri. Allora, il capitano Micklethwait, dopo aver ordinato di abbandonare nave, attivò le cariche di affondamento che esplodendo allagarono le sale motori e caldaie. Quindi fece un ultimo giro della sua nave e poi si calò in mare con i superstiti.

▲ Il cacciatorpediniere britannico Sikh all'arrivo a Malta, nel Grand Harbour, nel gennaio 1942, scortando un convoglio partito da Alessandria.

▲ Il meraviglioso cannone da 88 mm della Flak nel suo affusto mobile.

▼ A sinistra, il capitano di vascello Richard Taylor Whit comandante del cacciatorpediniere Zulu. A destra, tenente di vascello George Raymond Worledge comandante della motolancia ML 352.

Nel frattempo, alle 05:26 il Comandante della 22ª Flottiglia, sul Sikh, segnalò al Comando della Mediterranean Fleet che lo sbarco delle truppe della Forza A era fallito e che il suo cacciatorpediniere era stato colpito e immobilizzato, ma che tentava di rimetterlo in moto. Quindi alle 06:04 aggiunse "Zulu sta cercando di prendermi a rimorchio". E alle 06:23 arrivò ad Alessandria la notizia che la Forza A si stava ritirando e che il comandante della forza C nella zona di Tobruk, riferendo che la situazione era critica chiedeva ordini per le motosiluranti, evidentemente per raccogliere le truppe o per ritirarsi. Ha scritto il maggiore Livingstone: *"Era evidente che la partita era perduta, ed era ora di cercar di risparmiare ulteriori perdite e di salvare il salvabile[55]"*.

Come vedremo, il Sikh, non ancora affondato, era stato attaccato da alcuni cacciabombardieri italiani Mc 200 del 13º Gruppo del 2º Stormo Caccia, che lo colpirono sul ponte con una modesta bomba da 50 chili, e contemporaneamente, anche se abbandonato dall'equipaggio, costituendo un ottimo bersaglio, visibilissimo alla luce diurna, era stato raggiunto da altri proiettili d'artiglieria. Poi, alle 06:30 il Sikh fu cannoneggiato dal cacciatorpediniere di scorta Croome (capitano di corvetta Rupert Cyril Egan), che era stato inviato nella zona, assieme al gemello Hursley (tenente di vascello William John Patrick Church), dal comandante della Forza D, sull'incrociatore contraereo Coventry. Il Croone impartì al Sikh il colpo di grazia dopo averne recuperato parte dell'equipaggio. Il Sikh affondò, esplodendo, in posizione lat. 32º05'N, long. 24º00'E, mentre parte dei superstiti, raggiunta la vicina costa, vennero fatti prigionieri e finirono in campo di concentramento in Italia. Il capitano di vascello Micklethwait fu recuperato due ore dopo essersi calato in mare con altri suoi uomini da mezzi navali di soccorso italiani. Vi furono tra l'equipaggio e i soldati del Sikh centoquindici morti.

▲ Il complesso contraereo quadrinato da 40 mm pom-pom del cacciatorpediniere Sikh mentre reagisce ad un attacco aereo.

[55] R.P. Livingstone, "Le grandi incursioni nel deserto", *Storia della seconda guerra mondiale*, cit., p. 311.

A chi attribuire il merito dell'affondamento del Sikh, consultando i Forum di Internet, vi sono ancora discussioni. È sicuro, dalla nostra ricostruzione e dalla cartina della relazione di Supermarina (vedi sotto) che i primi colpi li ricevette dalle batterie italiane Dandalo, Tordi e Belotti, e che fui poi finita dal tiro concentrato delle batterie Dandolo, Tordo, 76 (I./43) e Grasso. Quindi possiamo considerarlo un indiscutibile successo, almeno a metà nella seconda fase del combattimento, tra italiani e tedeschi. Se nonché a questo punto, come per magia, risulta dal libro di Peter C. Smith, *Massacre at Tobruk* del 1976, che secondo il rapporto di combattimento tedesco i colpi vitali che avevano immobilizzato e poi finito il Sikh, non sarebbero stati causati dal tiro della batteria da 88 mm I./43 del maggiore Weneger, che non è neppure citata, ma a un'altra batteria tedesca della Flak, anch'essa con cannoni da 88 mm, la I/60 del capitano Nitziki. Il che, al pari di Peter C. Smith, ci rende perplessi anche perché la dislocazione di quella batteria contraerea, non certamente dislocata vicino alla costone settentrionale di Tobruk, e pertanto molto più lontano dai cacciatorpediniere britannici, la ignoriamo. Occorre inoltre considerare che i cannoni delle batterie contraerea, impegnati per ore a contrastare i bombardamenti degli aerei nemici, trovandosi nelle loro postazioni in posizione fissa, da rispettare rigorosamente, non sarebbero stati certamente spostati per avvicinarli alla costa. Quindi, per l'intervento antinave della I/60 è possibile che si sia trattato di un errore di trascrizione nel rapporto di combattimento. Lo Zulu, dopo aver ricevuto del comandante della 22ª Flottiglia l'ordine di allontanarsi dal suo condannato Sikh per raggiungere i cacciatorpediniere di scorta "Hunt" della 5ª Flottiglia, nel ritirarsi verso est, inizialmente alla velocità di 30 nodi, si congiunse all'Hursley e al Croome.

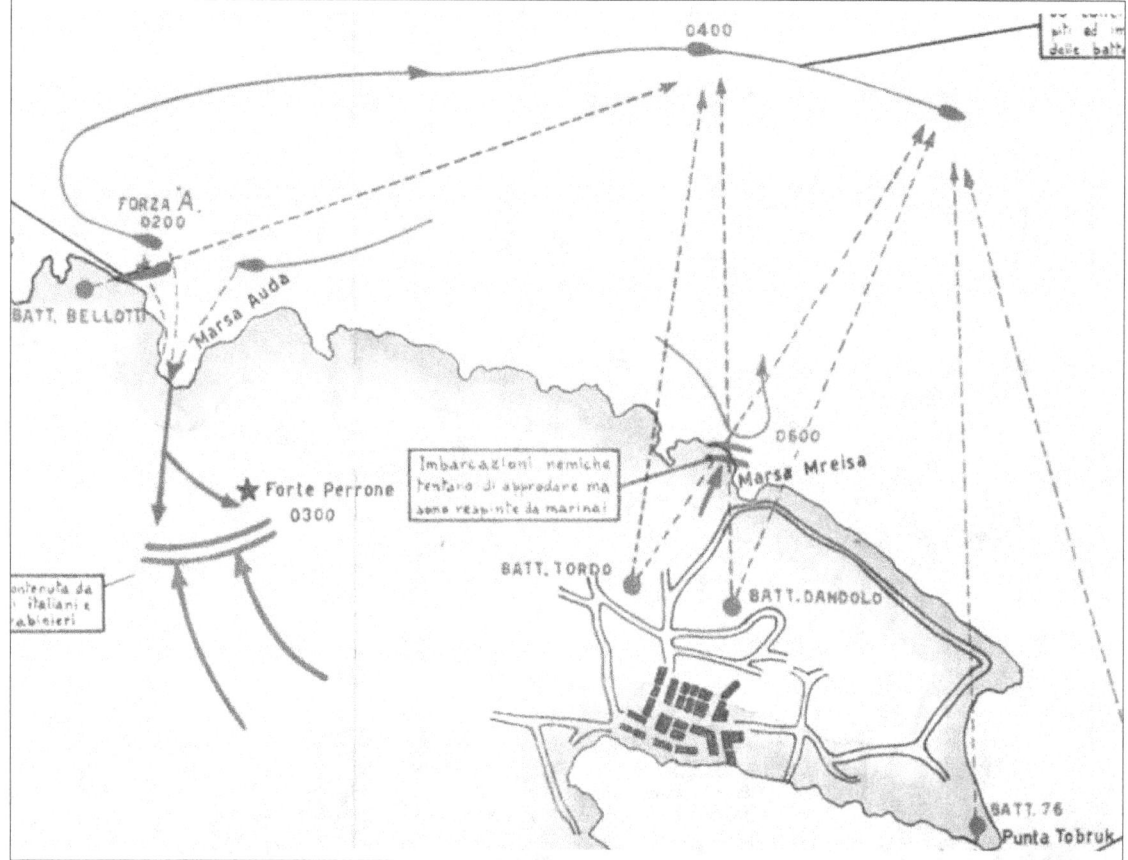

▲ L'azione di fuoco delle batterie della difesa costiera di Tobruk contro i cacciatorpediniere britannici Sikh e Zulu. Da sinistra le batterie Bellotti, Tordo, Dandolo, 76 (I/43 Flak tedesca) e l'ultimo tratteggio è il tiro della batteria S.P.5 (Grasso), più arretrata. La presunzione tedesca, accettata dai britannici, che la sola batteria 76 (I/43), la più lontana nella cartina dal Sikh e quella con i proiettili di minore potenza, intervenendo in un secondo momento abbia affondato, da sola, il cacciatorpediniere è pretestuosa e non può essere accettata. Riduzione da cartina dell'USMM.

Quindi, raggiunse l'incrociatore Coventry che, prima di invertire la rotta per Alessandria, per ordine ricevuto alle ore 09:00 si era spostato verso Tobruk per dare anch'esso protezione alle navi che si stavano ritirando verso nord-est in gruppi staccati, allontanandosi dalla costa alla massima velocità consentita ai vari tipi di mezzi.

Per inseguire le unità navali britanniche in ritirata e per rastrellare la zona di mare antistante il porto di Tobruk, l'ammiraglio Lombardi fece uscire dal porto le torpediniere Castore e Montanari, che però non riuscirono a prendere contatto con le navi nemiche che si stavano rapidamente allontanando, martellate dall'aviazione italiana e tedesca. Poi, *"in relazione alla constatata presenza in mare di naufraghi e di unità ferme e danneggiate"*, Marina Tobruk faceva uscire tre moto dragamine tedeschi della 6ª Flottiglia e cinque motozattere, quattro tedesche e una sola italiana, su ventidue disponibili tutte armate con cannone e mitragliera[56]. Quel giorno 14 settembre risultava che la 6ª Squadriglia moto dragamine del capitano di corvetta Peter Reischauer avesse disponibili in vari porti della Libia e dell'Italia ventidue unità e che quattro di esse si trovassero a Tobruk: R 10, R 12, R 13 e R 16.

Non fu possibile il recupero del Sikh da parte del rimorchiatore italiano Vega, fatto uscire appositamente dal porto per ordine del Comando Marina Tobruk, protetto dalle due torpediniere perché, nell'avvicinarsi, all'immobilizzato cacciatorpediniere in fiamme fu visto esplodere violentemente e affondare alle 07:52. Con la rada ormai sgombra delle superstiti unità sottili britanniche, ai mezzi navali dell'Asse non restò che dedicarsi al salvataggio in mare, raccogliendo e *"portando a terra, 468 naufraghi, per la maggior parte di marina, con 23 ufficiali fra cui un capitano di vascello [il comandante del Sikh] ed un giornalista americano"*.

▲ Motodragamine tedeschi della 6ª Squadriglia in movimento lungo la costa libica.

---

56 ASMEUS, "Comando Supremo, Sintesi delle operazioni svoltesi in Cirenaica (Tobruk) nella notte dal 13 al 14 settembre 1942".

I motodragamine tedeschi della 6ª Flottiglia raccolsero 117 naufraghi, ma non è chiaro se il loro numero risulta in quello dei 458 naufraghi della relazione italiana.

Inoltre il moto dragamine tedesco R 10, comandato dal tenente di vascello Peter Reischeauer, comandante della 6ª Flottiglia, ebbe la fortuna di individuare la motosilurante MTB 314 (ex statunitense PT 56) che, come abbiamo detto, nel forzare l'entrata del porto di Tobruk si era arenata a Marsa Sciausc. La piccola unità britannica, comandata dal tenente di vascello Harwin Woodthorpe Sheldrick, era stata abbandonata dagli uomini del suo equipaggio, i quali, prima di essere raccolti dalla MTB 261 del tenente di vascello Charles Courtney Anderson, inutilmente avevano tentato di distruggere la loro nave con una carica esplosiva che non si era attivata.

Avvicinatosi all'immobilizzata MTB 314, il moto dragamine R10 la catturò praticamente indenne e, dopo averla disincagliata, la guidò in porto con la bandiera tedesca a riva.

Occorre dire che i britannici, tramite la loro organizzazione crittografica Ultra, vennero subito a conoscenza della cattura della MTB 314, e questo proposito la curiosità dei lettori potrà essere contentata nel capitolo in cui si descrivano le decrittazioni dell'Ultra, trasmesse all'Autore, assieme ad altri importanti documenti dell'operazione "Agreement" dall'amico Platon Alexiades, famoso storico canadese di origine greca. Occorre dire che i tedeschi chiesero a Supermarina di poter mantenere il possesso della motosilurante, per sostituire uno dei loro moto dragamine andato perduto.

In risposta, con lettera del 1º ottobre 1942 per il Comando della Marina Germanica in Italia l'ammiraglio Arturo Riccardi riferì che sebbene per le norme del diritto internazionale, e per le disposizioni emanate dal Comando Supremo prima dell'offensiva in Egitto, la Marina italiana avesse "il diritto" di impossessarsi della motosilurante MTB 314, *"per offrire un cameratesco attestato di riconoscimento al valore della Marina alleata"*, rinunciava a quel suo diritto. Chiese però *"di consentire che tecnici italiani potessero visitarla a fondo"*, per esaminarne *"gli impianti tecnici[57]"*. Ciò fu consentito come dimostrano le nostre seguenti fotografie. Ribattezzata RA10 e immessa in servizio nella Marina germanica quale unità trasporto siluri, la motosilurante fu affondata il 30 aprile 1943 presso Augusta (Sicilia) nell'attacco di quattro aerei da caccia Spitfire del 249º Squadron della RAF, decollati da Malta. Secondo altra fonte sarebbe stata affondata, sempre sotto la stessa data e da bombe di aerei della RAF, sulle coste settentrionali della Tunisia, presso La Goulette.

▲ La MZ 715 in navigazione lungo la costa del Nord Africa. Dopo la ritirata delle superstiti unità britanniche le motozattere si dedicarono alla raccolta dei naufraghi.

---

57 AUSMM, *Scontri navali e operazioni di guerra*, cartella 91.

▲ La motosilurante britannica MTB 314 dopo essere stata catturata a Tobruk dal motodragamine tedesco R 10.

▼ La medesima motosilurante britannica MTB 314.

▲ La plancia della motosilurante MTB 314 e un ufficiale della Marina italiana, su richiesta autorizzato a prendere visione delle caratteristiche dell'unità.

▼ Uno dei due lanciasiluri della motosilurante MTB 314, che aveva in dotazione quattro siluri.

GLI ATTACCHI DELL'AVIAZIONE DELL'ASSE

Ad iniziare dall'alba del 14 settembre anche le aviazioni italiana e tedesca intervennero nella battaglia con tutti i mezzi disponibili contro i mezzi navali britannici nella zona di Tobruk, e nelle azioni iniziali si distinsero particolarmente i velivoli Mc 200 del 13° Gruppo Caccia della 5ª Aerea della Libia, comandato dal maggiore Lorenzo Viale. Quest'ufficiale superiore, agendo di propria iniziativa a causa dell'interruzione dei collegamenti con il Comando del Settore Est della 5ª Squadra Aerea, *"dopo una ricognizione offensiva per rendersi conto della situazione e agire di conseguenza"*, realizzò sulle unità navali nemiche in ritirata ventuno missioni con i velivoli Mc 200, ordinando ai piloti di attaccare con le bombe e il mitragliamento delle unità maggiori nemiche che aveva individuato a nord-ovest di Tobruk, e con obiettivo secondario il mitragliamento delle motosiluranti che si trovavano a est-nord-est del porto.

I velivoli, decollando dalla base di Bu Amud, a est di Tobruk, fra le ore 05:55 e le ore 08.00 attaccarono in picchiata da una quota di 2.500 m, scendendo, per sganciare le bombe tra i 1.000 e i 500 m d'altezza, per poi a bassa quota, in sezioni di due – tre Mc 200 alla volta, effettuare il mitragliamento. Per la prima volta i velivoli del 13° Gruppo, impiegarono bombe da 50 chili, a suo tempo richieste per svolgere esercitazioni. Nel corso della sua ricognizione il maggiore Viale aveva fatto i seguenti avvistamenti[58]: *Un gruppo di navi composto di 9 unità imprecisate incrocianti 60 chilometri circa a nemiche nord di Tobruk, un gruppo composto di 1 incrociatore o grosso C.T. più 3 C.T. a 2 chilometri a nord Marsa El Auda diretto nord, un gruppo composto da 2 torpediniere o grosse motovedette più 9 motosiluranti nella zona di mare nord Marsa Es Zeitun diretto nord est.* Il maggiore Viale, che disponeva a Bu Amud di soli nove Mc 200 efficienti, ha scritto: *"Da pochi giorni avevo avuto l'ordine di addestrare i miei piloti al bombardamento in picchiata. Appena arrivate le bombe avevo deciso di esercitarci su un relitto di piroscafo inglese proprio davanti a noi ma la sorte decise altrimenti"*.

Il montaggio delle bombe sulle ali dei Mc 200, che erano alla loro prima azione in quella nuova specialità di attacco sul mare, risultò alquanto difficile per la scarsità di personale, e perché fu necessario scaricare i serbatoi supplementari. Nello stesso tempo Viale riuscì anche[59]: *...ad assicurare ininterrottamente con crociere la protezione del porto di Tobruk e contemporaneamente oltre alla pattuglia di allarme su Macchi 202 [due velivoli] tenere una sezione di Macchi 200 pronta ad intervenire eventualmente in rinforzo alla pattuglia di allarme stessa.*

A ogni rientro degli aerei, i piloti fornirono notizie di navi colpite e affondate, e questo generò tra il personale del gruppo e dell'aeroporto momenti di entusiasmo e gioia incontenibile.

Ma, vediamo quali furono i risultati conseguiti realmente nel corso degli attacchi, a iniziare dal momento in cui i Mc 200 del maggiore Viale, delle squadriglie 78ª, 79ª e 82ª che, sganciando le bombe da 50 chili e sparando proiettili esplosivi da 12,7 mm, per prima colpirono con una bomba, disintegrandola, la motosilurante MTB 312 (tenente di vascello. Jan A. Quarrie), i cui superstiti, dell'equipaggio e dei soldati, furono raccolti dalla MTB 266 (sottotenente di vascello John Norman Broad). Furono poi mitragliate e danneggiate dai Mc 200 diverse motosiluranti, e affondate, una dopo l'altra, le due motolance ML 353 (tenente di vascello. E.S. Michelson), e ML 352 (tenente di vascello. George Raymond Worledge), che avendo una velocità di soli 18 nodi e trasportando in coperta un carico di demolizione e di liquidi particolarmente infiammabile, come la benzina dei motori, una volta colpite esplosero dopo essersi incendiate.

La ML 353, dopo essere stata abbandonata dall'equipaggio raccolto dalla ML 349 (capitano di corvetta A.H. Ball), stava bruciando alla superficie del mare, ma per accertarsi che non venisse rimorchiata dal nemico, quando gli ultimi uomini l'ebbero abbandonata furono fatte brillare le cariche di demolizione.

---

58 Archivio Stato Maggiore Aeronautica Ufficio Storico (d'ora in poi ASMAUS), "Relazione attività 13° Gruppo C.T.".
59 *Ibidem*

L'equipaggio della ML 352 fu raccolto dalla torpediniera italiana Castore, comandata dal tenente di vascello Gaspare Tezel e portato a Tobruk come prigioniero di guerra[60].

▲ Motolance britanniche in navigazione.

---

60 Sulla perdita della ML 352 abbiamo il seguente resoconto del suo comandante, sottotenente di vascello Worledge, che si trovava fuori dal porto di Tobruk per attuare lo sbarco dei guastatori. Gli fu ordinato di aspettare, mentre ML349 si allontanò per controllare la situazione. Quando la ML349 non tornò per riferire, il comandante Worledge diresse per la rada di Tobruk e a un certo punto si trovò di fronte a quello che ritenne essere la sagoma di un cacciatorpediniere italiano, mentre in realtà doveva essere una delle tre torpediniere, se non addirittura una delle motozattere che si trovavano all'entrata della rada. Allora la ML 349 invertì subito la rotta per ritornare verso il mare aperto, inquadrata dai proiettili di quella nave e dal tiro dei cannoni delle batterie terrestri, Occorre dire che gli artiglieri tedeschi della batteria 1./43, gli unici che con i loro pezzi da 88 potevano sparare da Punta Tobruk verso l'interno della rada (vedi la cartina), si accreditarono l'affondamento di quella motozattera, mentre in realtà, come si espresse il sottotenente di vascello Wegener, il loro tiro impreciso fu così "orribile che egli potè evitare di essere colpito virando dopo ogni caduta di proiettile di prora alla sua motozattera. Tuttavia, la sua fortuna fu di breve durata. I caccia Mc 200 del maggiore Viale si diressero contro il suo piccolo scafo e lo immobilizzarono in fiamme e in preda ad esplosioni. Allora Worledge ordinò che la ML 352e fosse abbandonata. Due ore dopo, una torpediniera italiana, la Castore, uscita da Tobruk, raccolse i superstiti, e Worledge catturato fu trasferito nel campo di prigionia di Bari e poi di Sulmona. Finita la guerra rientrò in Australia dove si sposò con la signorina Margot.

▲ Un complesso di mitragliere binate Vickers della motosilurante MTB 314.

▼ Un altro complesso di mitragliere binate della motosilurante MTB 314.

▲ Due velivoli italiano Mc 200 della 366ª Squadriglia Caccia Terrestrte. Velivoli di questo tipo del 13° Gruppo Caccia, armati con bombe, parteciparono all'attacco contro il cacciatorpediniere britannico Sikh e il naviglio leggero britannico impegnato nello sbarco a Tobruk. Nella pagina a fianco un'altra immagine di questo caccia italiano.

▼ Motolancia tipo "Faimiles". Due unità di questo tipo, la ML 352 e ML 353, impiegate nello sbarco a Tobruk, furono affondate dai velivoli italiani Mc 200 del 13° Gruppo Caccia.

Anche la ML 349, dopo aver raccolto l'equipaggio della MTB 353 fu colpita e danneggiata dagli aerei ma poté proseguire la navigazione e raggiungere Alessandria. Alla fine della guerra, il 7 gennaio 1946, fu ceduta alla Marina italiana.

Alle 07:30 fu anche colpita, da proiettili da 12,7 mm dei Mc 200, la motosilurante MTB 308 (tenente di vascello: Roy Yates), che con il motore danneggiato dovette fermarsi. Quando riprese la navigazione, la sua sorte, come vedremo, era però già segnata. Alla stessa ora, 07:30, come detto, fu colpito sul ponte da una bomba da 50 chili il cacciatorpediniere Sikh, che non era ancora affondato.

Secondo le valutazioni trasmesse dal maggiore Viale al Comando della 5ª Squadra Aerea (generale Vittorio Marchesi), e da questo Comando superiore portate alla conoscenza di Superaereo il mattino del 15 settembre, i suoi Mc 200 si riteneva avessero ottenuto i seguenti risultati[61]: *1 C.T. colpito pieno da 4 bombe e da 3 bombe prossimità linea di galleggiamento affondava; 4 motosiluranti incendiate et affondate; 2 motosiluranti probabilmente affondate in collaborazione bombardieri in quota tedeschi più tardi intervenuti. 3 motosiluranti efficacemente mitragliate.*

Un solo Mc 200 rientrò alla base colpito da fortissima reazione contraerea. Complessivamente i ventuno caccia sganciarono 27 bombe da 50 chili e spararono 4.165 proietti calibro 12,7 mm.

Nelle *"Considerazioni"* del suo rapporto, in cui sostenne che la contraerea delle navi nemiche era risultata *"violentissima ma disordinata e imprecisa"*, Viale mise in risalto i buoni risultati raggiunti dai suoi piloti, scrivendo[62]: *Il tiro con bombe contro navi in genere è risultato sufficientemente preciso, pur essendo i piloti alla prima prova. La precisione del tiro è stata dovuta essenzialmente al coraggio dei piloti che effettuavano il tiro nella massima totalità a bassissima quota (minimo consentita per lo svitamento del dispositivo di sicurezza). Tiro con mitragliatrice contro motosiluranti molto preciso nonostante brusche accostate, velocità rilevante e primo impiego sul mare … Inoltre è stato constatato che "le motosiluranti e le corvette avevano a bordo benzina in latte disposte sopra coperta. Questo spiega come le unità nemiche fossero tanto vulnerabili alle nostre raffiche e gli immediati e brillanti effetti ottenuti.*

[61] *Ibidem.*
[62] *Ibidem*

Alle 07:30 cinque cacciabombardieri italiani Mc 200 della 92ª Squadriglia dell'8° Gruppo Assalto, decollati al comando del capitano pilota Vincenzo Sansone da Abu Aggag per effettuare una ricognizione armata a nord di Ras Kenays, avvistarono e attaccarono tre motosiluranti, in lat. 32°30' N, long. 27°55' N. I piloti sganciarono in picchiata dieci bombe alari da 50 chili e spararono 3.730 proietti di mitragliera calibro 12,7, e nel ritirarsi constatarono che le tre navi erano state colpite, e una di esse era in fiamme. Si trattava della MTB 310, comandata dal tenente di vascello. Stewart Lane, che rimase in un primo tempo immobilizzata, per poi ricevere, come vedremo, il colpo di grazia dagli aerei tedeschi.

Sempre da parte italiana, fu fatto anche un tentativo per intervenire con dodici aerosiluranti S 79 del 131° Gruppo della 5ª Squadra Aerea (maggiore pilota Giovanni Villa), ma la missione non ebbe il risultato sperato. Gli S 79 delle squadriglie 279ª e 284ª, partirono in due formazioni di sette e cinque velivoli, con inizio alle 08:50 rispettivamente dagli aeroporti di El Fateiah e Marsa Matruch. Dirigendo secondo l'ordine ricevuto per la rada di Tobruk, dove era segnalato un incrociatore nemico che procedeva a lento moto verso est, gli aerosiluranti non riuscirono a trovare l'obiettivo navale da colpire, nonostante fosse stato ricercato nei due sensi lungo il tratto di costa cirenaico fra Ras Azzaz e Ras el Tin per una profondità di circa 100 km. Dopo di che gli S 79 andarono ad atterrare sull'aeroporto di Derna[63].

Infine fu svolta una ricognizione da parte di due moderni caccia Mc. 202, che durante il volo a est di Tobruk avvistarono alcune motosiluranti. Complessivamente, da parte italiana, nelle missioni di attacco e di ricerca delle navi nemiche del 14 settembre furono impiegati quaranta velivoli: ventisei cacciabombardieri Mc 200 (ventuno del 13° Gruppo e cinque dell'8°), dodici aerosiluranti S 79 del 131° Gruppo, e due caccia Mc. 202 per volo di ricognizione in mare aperto.

Da parte germanica la prima comunicazione dello sbarco raggiunse l'O.B.S. alle 00:45 del 14 settembre, e in seguito si susseguirono da Tobruk informazioni inizialmente allarmanti poi progressivamente migliori e rassicuranti fino a quando a giorno fatto il maggior generale Otto Deindl, comandante dei reparti germanici della piazzaforte, trasmise: *"Sbarco fallito. Formazione nemica dalle 06:00 rotta est. Due navi nemiche sono in fiamme"*.

Nel frattempo, con il messaggio segreto O.B.S. I A Nr. 9326/42 Gkdos, i comandi aerei tedeschi della 2ª Flotta Aerea (2ª Luftflotte), comandata direttamente dal feldmaresciallo Kesselring, avevano ricevuto l'ordine di svolgere fin dall'alba estese ricognizioni su tutta la zona di mare a oriente di Tobruk e di *"tenere pronte le forze aeree per impiegarle, secondo i risultati della ricognizione, contro soldati sbarcati, o contro unità trovantisi a Umn Is Sziausc o contro unità in via di ritorno"*.

Particolarmente consistente ed efficace si dimostrò l'intervento degli aerei germanici del 10° Corpo Aereo (X Fliegerkorps) e del Comando Aereo Africa (Fliegerführer Afrika), rispettivamente dislocati in Grecia e in Nord Africa al comando dei generali Otto Hoffmann von Waldau, con sede di comando ad Athene, e Hans Seidemann, che invece si trovava a Fuka.

Erano a disposizione del X Fliegerkorps i seguenti reparti:
- 2ª Squadriglia del 123° Gruppo Ricognizione Strategica (2.(F)/123), con velivoli Ju 88 D, a Skaramanga;
- Squadriglia Comando del 1° Stormo Sperimentale da bombardamento, con il 2° e 3° Gruppo (Stab., I. e II./LG.1), con velivoli Ju 88 A, a Iraklion;
- 2° Gruppo del 100° Stormo da bombardamento (II./KG.100), con velivoli He 111, a Kalamaki;
- Comando del 27° Gruppo Caccia (Jagd. Kdo JG.27), con velivoli Bf 109, a Kastelli;
- 3° Gruppo del 26° Stormo Caccia Pesante Distruttori (III./ZG.26), con velivoli Bf 110 a Kastelli.

---

[63] ASMAUS, "Comando 131° Gruppo Autonomo Aerosiluranti, Relazione sull'attività svolta dal 131° Gruppo Autonomo Aerosiluranti nel mese di settembre 1942-XX".

▲ Da sinistra il generale Curio Barbasetti di Prun, Capo di Stato Maggiore del Comando Superiore in Africa Settentrionale (Delease), e il generale Vittorio Marchesi, Comandante dell'Aeronautica della Libia - 5ª Squadra Aerea. In un aeroporto della Cirenaica attendono l'arrivo da Roma dell'aereo del maresciallo Ugo Cavallero, Capo di Stato Maggiore Generale delle FF.AA. italiane.

▼ La motosilurante MTB 313, una delle nove unità della 15ª Flottiglia.

Erano a disposizione del Fliegerführer Afrika:
- 121ª Squadriglia del 121° Gruppo Ricognizione Strategica (1.(F)/121), con velivoli Ju 88 D;
- 4ª Squadriglia del 12° Gruppo Ricognizione Tattica (4.(H)12), con velivoli Bf 110;
- 12ª Squadriglia da bombardamento del 4° Gruppo del 1° Stormo Sperimentale (12./LG.1) con velivoli Ju 88 A;
- Squadriglia Comando del 3° Stormo Stuka con i gruppi 1°, 2° e 3° (Stab., I. II. e III./St.G.3), con velivoli Ju 87 D;
- Gruppi 1°, 2° e 3° del 27° Stormo Caccia (I., II., e III./JG.27), con velivoli Bf 109;
- 3° Gruppo del 53° Stormo Caccia (III./JG.53), con velivoli Bf 109;
- Squadriglia Cacciabombardieri (Jabo. St. Afrika), con velivoli Bf 109.

Complessivamente, nella giornata del 14 settembre, i due comandi tedeschi mandarono in volo ben trecentodiciotto aerei, dei quali, escludendo i ricognitori e i caccia di scorta, impiegarono per tutta la giornata sulle navi nemiche un totale di ben centosessantasette velivoli di tipo offensivo: ottantuno erano bombardieri Ju 88 del X Fliegerkorps, settantatré bombardieri a tuffo Ju 87 e tredici cacciabombardieri Bf 109 del Fliegerführer Afrika. Ad essi si aggiunsero anche undici bombardieri Ju 88 del II Fliegerkorps decollati dalla Sicilia che andarono ad atterrare a Haggard el Quesada, da dove operarono contro le navi nemiche.

Altri quattordici cacciabombardieri Bf 109 del Fliegerführer Afrika furono impiegati nell'attaccare obiettivi terrestri sulla linea del fronte di El Alamein, avvalendosi di una forte copertura di caccia di scorta del medesimo tipo, inquadrati nei tre gruppi dell'JG.27, ventinove velivoli i quali sostennero un combattimento con circa ottanta caccia nemici senza conseguire alcun risultato[64].

Da parte britannica sappiamo che il combattimento fu modesto, e si svolse al mattino, con inizio alle 10:50, a ovest di El Qattara fra otto Kittwhawks del 3° Squadron australiano, decollato su allarme, e sedici Bf 109 del II./JG.27, uno dei quali fu considerato probabilmente abbattuto in collaborazione dal sottotenente G.C. Coward e dal sergente G.R. Jones.

Parte degli aerei tedeschi, come vedremo, non poterono rintracciare gli obiettivi navali e gli altri, che invece li attaccarono, non riuscirono a conseguire alcun successo contro unità navali dalla sagoma sottile e altamente manovriere. Tuttavia i risultati tangibili non mancarono, dimostrando al nemico quanto fosse pericoloso spingere le sue navi nelle acque sotto forte controllo dall'aviazione dell'Asse, nel cosiddetto "Bomb Alley", il Viale delle Bombe, il tristemente famoso tratto di mare tra la costa egiziana e l'Isola di Creta, cimitero delle navi britanniche.

Ma andiamo per ordine. A iniziare dalle 06:25 e fino alle 18:26 decollarono quattordici ricognitori Ju 88 in parte destinati a esplorazioni armate. Di essi uno attaccò alle 07:45 senza esito il cacciatorpediniere Zulu in lat. 32°18'N, long. 24°25' E, e altri due Ju 88 del I./LG.1 (tenenti Wolfgang von Bergh e Ernst Leopold Wannenmacher) bombardarono altrettante motosiluranti, rispettivamente alle ore 09:15 e alle 11:32, a nord-est di Tobruk, per poi andare ad atterrare in Cirenaica, a Haggard el Quesada.

Successivamente, in seguito a un avvistamento della Forza D verificatosi alle 06:37 in lat. 31°55'N, long. 31°55'E, a 50 miglia a nord-est di Marsa Matruh, alle 09.05 decollarono dagli aeroporti africani quindici bombardieri in picchiata Ju 87 del 3° Stormo Stuka (St.G.3), che non avvistarono le navi britanniche. Quindi, con partenza da Iraklion (Creta), fu la volta di venti Ju 88, dei quali tredici del 1° Gruppo

---

[64] In un combattimento dell'indomani, 15 settembre, giorno particolarmente esaltante per i caccia della Luftwaffe, il solo tenente Hans Joachim Marseille, la *"Stella dell'Africa"*, del I./JG.27, si accreditò l'abbattimento di ben sette velivoli da caccia avversari, raggiungendo con ciò 150 successi. Era in quel momento il pilota più vittorioso della Luftwaffe, ed era decorato con la croce di ferro con fronde di quercia spade e brillanti, e con la Medaglia d'Oro al Valore Militare italiana. Nei giorni seguenti raggiunse le 158 vittorie, ma il 20 settembre il suo Bf 109 precipitò per un incidente e schiantandosi al suolo determinò la morte di Marseille a soli 22 anni. Fu sepolto a Derna, e poi traslato nel dopoguerra nel cimitero di Tobruk.

e sette del 2° Gruppo del 1° Stormo Sperimentale (I. e II./LG.1), decollati alle 10.11 da Iraklion. Comandante del I./LG.1 era capitano Joachim Helbig, comandante del II./LG.1 il maggiore Gerhard Kollewe, entrambi insigniti della Croce di Cavaliere con Fronde di Quercia[65].

I velivoli delle due formazioni raggiunsero gli obiettivi nella zona di Tobruk, per poi attaccare singolarmente le unità navali, tra cui un cacciatorpediniere che fu ritenuto colpito dagli equipaggi del I./LG.1. Uno degli Ju 88 del II./LG.1, colpito durante la picchiata dal fuoco delle mitragliere della MTB 308 (tenente di vascello. Roy Yates), precipitò sulla medesima motosilurante, che era rimasta inizialmente immobilizzata per danni alle macchine causati dall'attacco degli Mc 200 del 13° Gruppo Caccia del maggiore Viale, per poi riprendere la navigazione. La piccola unità andò perduta, disintegrandosi, con l'intero equipaggio. Decedettero anche i quattro uomini del velivolo tedesco, che apparteneva alla 4ª Squadriglia (4./LG.1), e aveva per capo equipaggio il sottufficiale Karl-Heinz Bruns. Dopo che alle 07:30 del 14 settembre i cacciatorpediniere di squadra Aldenham e Belvoir avevano abbandonato la Forza D per andare a rifornirsi ad Alessandria, alle ore 10:45 (11:40 secondo i rapporti britannici), trovandosi a nord di Marsa Matruh, l'incrociatore contraereo Coventry, la nave più rappresentativa della Forza D, costituì il bersaglio principale di una formazione di sedici Ju 88 del I./L.G.1, che decollati da Quesada (dove erano atterrati dopo il primo attacco provenienti da Iraklion) erano armati, ciascun velivolo, con una bomba da 500 chili e tre bombe da 250 chili.

▲ Il capitano pilota Joachim Helbig, comandante del I./LG.1. a Eleusis in Grecia. Alle sue spalle un bombardiere Ju 88 in fase di rifornimento.

---

65 Helbig, che raggiunse il grado di generale dopo aver comandato il 1° Stormo Sperimentale (LG.1), fu uno dei più straordinari assi della specialità da bombardamento della Luftwaffe. Alla fine della guerra gli fu accreditata la distruzione di 182,000 tonn. di naviglio nemico, realizzato in 480 missioni, meritandosi le fronde di quercia spade e brillanti sull'onorificenza della croce di cavaliere (Ritterkreuz), meritata il 9 novembre 1940, quando durante le operazioni contro l'Inghilterra comandava la 4° Squadriglia del II./LG.1.

▲ Junker 88 nella versione A 10 del I./LG.1 del X Fliegerkorps operante nel Mediterraneo partendo dalle basi della Grecia, Creta, Libia e Sicilia. Per la sua versatilità operativa, nell'essere impiegato come bombardiere orizzontale e in picchiata, come aerosilurante, e nelle versioni C e D come caccia notturno e ricognitore strategico, era chiamato "l'aereo miracolo della Luftwaffe", nonché per le sue affondate in picchiata di 60° il Super "Stuka".

▼ L'incrociatore contraereo Coventry.

▲ Il Coventry prima di essere stato attaccato dagli Ju 88 del I./LG.1

Quel giorno 14 settembre soltanto venti caccia bimotori a lungo raggio Beaufighter degli Squadropn 252° e 272° del 201° Gruppo della RAF (vice maresciallo dell'aria Leonard Slater) erano disponibili per la scorta alle navi, e di essi ne furono impiegati solo tredici che si mantennero in volo dall'alba a dopo il tramonto del 14 settembre, impiegando i loro apparati IFF come segnale di riconoscimento.

Alle 11:10 aerei non identificati furono segnalati dal radar dell'incrociatore Coventry provenienti da sud alla distanza di 32 miglia, e alle 11:15 fu calcolato che volassero ad una quota di 4.000 piedi. In quel momento sette Beaufighter si trovavano sul cielo delle navi, due alla quota di 11.000 piedi, tre a 8.000 piedi e due a 1.500 piedi, ma soltanto i tre che si trovavano a 8.000 piedi poterono intervenire, però con l'unico modesto risultato di disturbare gli aerei tedeschi.

Quando iniziò l'attacco in picchiata in lat. 32°23' N, long. 28°27' E. i sedici Ju 88 del I./LG.1 furono erroneamente scambiasti sul Coventry per quindici bombardieri a tuffo Ju.87 che volando in tre formazioni diressero due contro l'incrociatore contraereo e una contro il cacciatorpediniere di scorta Croome.

Il Coventry, fu raggiunto in pieno da quattro bombe. La prima colpì a prora, davanti alla postazione del cannone, aprì un ampio squarcio sul fianco dello scafo fino all'estremità della linea di galleggiamento e ebbero inizio gravi incendi, che costrinsero ad allagare come misura precauzionale i depositi delle munizioni, tranne quello del complesso contraereo quadruplo da 40 mm pom-pom, che non fu reso possibile a causa di rottami e degli incendi.

La seconda bomba, e probabilmente anche la terza bomba, colpì il ponte a prua ed esplose all'interno dello scafo dell'incrociatore, demolendo la struttura del ponte superiore, il ponte di comando e il locale della stazione del radar. Gli incendi determinarono l'interruzione di tutte le comunicazioni della nave. La quarta bomba esplose nel locale caldaia distruggendolo, mentre il locale delle trasmissione del radar fu messo fuori combattimento.

Bersagliato anche dal fuoco dei cannoncini da 20 mm e delle mitragliere degli Ju 88, con proiettili incendiari, che aumentarono i danni, il Coventry rimase immobilizzato, e in quella posizione, in preda alle fiamme, fu fotografato dal velivolo del tenente pilota Horst Berger.

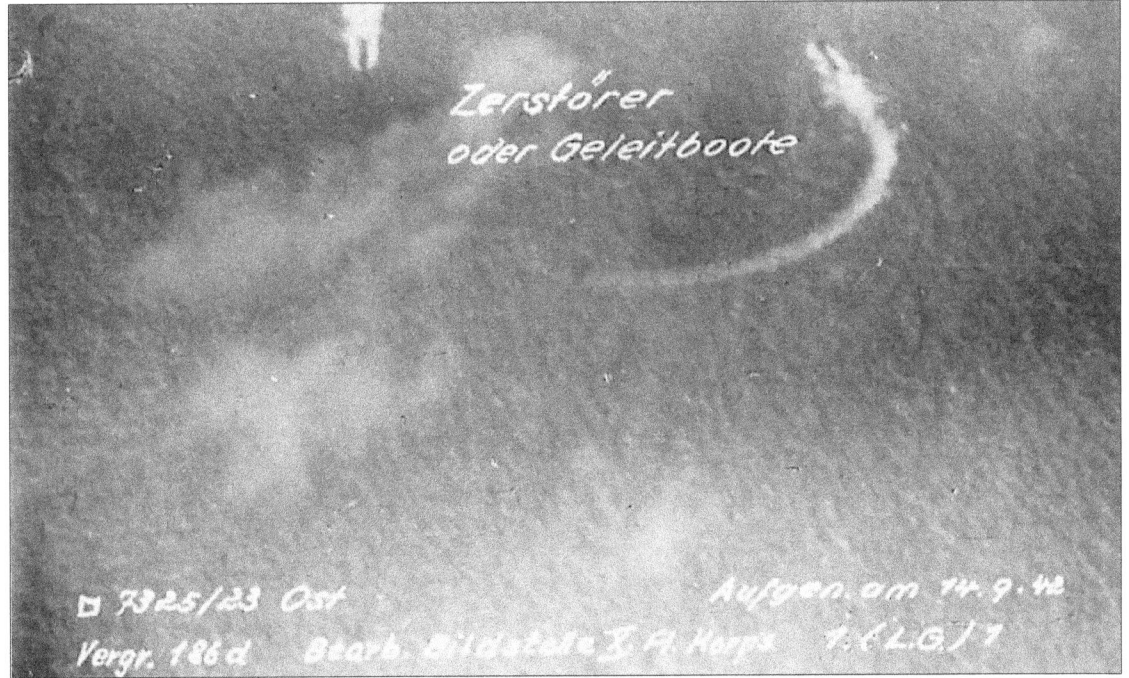

▲ Ore 10:45 del 14 settembre. Due unità britanniche manovrano sotto l'attacco dei bombardieri Ju 88 del I./LG.1. Alcune delle altre foto che seguono, che l'Autore non aveva ancora pubblicato, sono assolutamente inedite.

▲ L'incrociatore contraereo Coventry, colpito da quattro bombe, arrestato e in fiamme ripreso da uno degli Ju 88 del I./LG.1 che lo avevano attaccato.

Uno dei caccia Beaufighter che dopo l'attacco inseguì i velivoli tedeschi per 40 miglia fu danneggiato dalle mitragliere dei bombardieri, ma il pilota rientrato alla base sostenne ottimisticamente di aver probabilmente distrutto uno Ju 87, possibilmente un altro Ju 87 e uno Ju 88, e di averne attaccati e danneggiati altri quattro.

Nel corso dell'attacco il cacciatorpediniere Croome non fu colpito ma ebbe messi fuori uso i suoi radar tipo 285 e 286 per una bomba caduta vicino allo scafo, mentre il Coventry, dopo essere stato colpito dalle quattro bombe, per gli sforzi dell'equipaggio fu in grado di procedere lentamente rimettendo in funzione un motore. Ma essendo in fiamme a prora e a poppa fu abbandonato per evitare perdite umane e danni anche alle navi che gli stavano vicino per eventuali altri attacchi aerei. I cacciatorpediniere di scorta Beaufort e Dulverton si avvicinarono al Coventry e recuperarono l'equipaggio, a parte gli uomini che potevano ancora servire per un eventuale tentativo di rimorchio.

Una volta che gli Ju 88 atterrarono alle 11:27, facendo ritorno a Haggard el Quesada per rifornirsi prima di rientrare a Iraklion, i loro equipaggi del I./LG.1 che avevano condotto l'azione riferirono, con notevole ottimismo, di aver colpito l'incrociatore con ben nove bombe. Inoltre sostennero che un cacciatorpediniere della scorta era stato raggiunto in pieno da una bomba, mentre altre due bombe caddero sul fianco di quella nave e molte altre nelle sue vicinanze, notando a prua lo sviluppo di fumo. Si trattava del Croome che, come detto, nel corso delle azioni riportò per un colpo vicino alcuni danni al radar.

▲ Altra immagine del Coventry arrestato e in fiamme ripreso da un'altra angolazione.

▲ Ore 10:30 del 14 settembre. L'immagine ripresa da alta quota da un Ju 88D da ricognizione della 1.(F)/121 mostra l'incrociatore contraereo Coventry in fiamme.

▼ Ore 11:52 del 14 settembre. Un ricognitore Ju 88D della 1.(F)/121 riprese una motosilurante colpita in pieno da una bomba. In realtà, per l'ora dell'attacco, doveva trattarsi della MTB 308 che esplose dopo essere stata investita da uno Ju 88 del II./LG.1, colpito dall'antiaerea durante la picchiata.

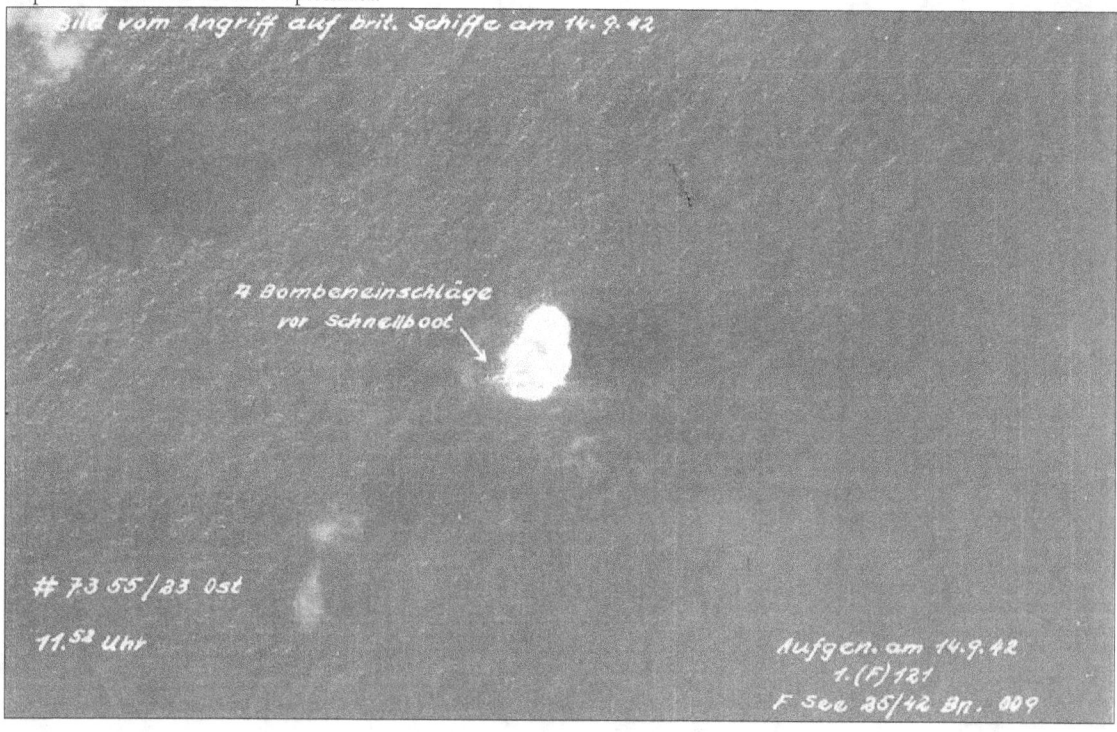

Le incursioni contro le unità navali britanniche che dirigevano verso Alessandria si susseguirono con intensità crescente da parte degli aerei tedeschi.

Il cacciatorpediniere Zulu, che dopo essere stato mancato da alcune bombe aveva ricevuto l'ordine di raggiungere l'immobilizzato Coventry per dargli il colpo di grazia con i siluri, durante la navigazione verso oriente, trovandosi nella zona di Marsa Matruh, fu preso di mira da una formazione di sette Ju 88 del I./LG.1 decollata da Quesada e che tra le 12:06 e le 12:08 attaccò in picchiata da un altezza tra i 1.000 e i 1.300 metri quello che ritenne essere un piccolo incrociatore; e ciò perché lo Zulu, visto dall'alto, mostrava i suoi sei cannoni da 120 mm e due da 102 mm sistemati in quattro torrette binate, due a prora e due a poppa. Gli equipaggi degli Ju 88 ritennero di aver colpito quell'obiettivo con due bombe da 250 chili e le sovrastrutture della nave viste saltare in aria. Lo Zulu alle 12:24 trasmise ad Alessandria di essere stato attaccato da dieci bombardieri in picchiata e di non essere stato colpito.

Mentre erano in piena operatività i bombardieri Ju 88 del X Fliegerkorps e, avvicinandosi le navi britanniche in ritirate alle basi tedesche dell'Egitto, stavano per intervenire gli Ju 87 del Fliegerführer Afrika, il mattino del 14 settembre dalla Sicilia furono inviati a Quesada undici bombardieri Ju 88, otto del II./KG.77 (capitano Heinrich Paepcke) e tre del III./KG.77 (capitano Heinz Richter). Il primo decollo per ricercare le navi britanniche, avvenne alle 11:00 con la partenza di quattro Ju 88 del II./KG.77 che rientrarono a Quesada alle 13:55 dopo aver attaccato due cacciatorpediniere, di cui uno appariva in fiamme, con picchiata e sgancio delle bombe dalla quota di 800 metri ma senza successo. Alle 15:20 decollarono da Quesada gli altri quattro bombardieri Ju 88 del II./KG.77. Alle 17:45 uno di essi attaccò in picchiata un incrociatore e gli altri tre due cacciatorpediniere, ma senza successo. La contraerea delle navi fu considerata forte, e vi fu anche l'attacco di due caccia Beaufighter. Dopo lo sgancio delle bombe i quattro Ju 88 andarono ad atterrare a Creta.

Infine, alle 15:50 decollarono da Quesada i tre Ju 88 del III./KG.77 per attaccare navi segnalate nel quadrato 6300, ma non trovarono l'obiettivo e andarono anch'essi ad atterrare a Creta.

▲ Il cacciatorpediniere britannico Zulu.

Nel frattempo, alle 11:40 erano decollati dagli aeroporti di Creta cinque Ju 88D della 2.(F)/123 partiti per ricognizione marittima a sud dell'isola, a cui seguirono per lo stesso compito, alle 14:20, altri sei Ju 88.

Iniziarono poi gli attacchi dei reparti del Fliegerführer Afrika, che impiegò durante tutto il pomeriggio del 14 settembre ben cinquantotto velivoli Ju.87 dello St.G.3 (tenente colonnello Walter Sigel), due dei quali appartenenti al 2° Gruppo (II./St.G.3), comandato dal capitano Kurt Kuhlmey, precipitarono andando completamente distrutti per collisione avvenuta sull'aeroporto di Haggag el Quesada; incidente che determinò la morte dei quattro uomini degli equipaggi, i piloti tenente Jacob Konig e sottufficiale Josef Jaumann e i loro mitraglieri.

Le prime due formazioni dello St.G.3, costituite ciascuna da quindici velivoli Ju 87, decollarono rispettivamente alle 05:40, e alle 09:05; la prima per una ricognizione offensiva nella zona di mare tra Marsa Matruh e El Alamein; la seconda per attaccare una formazione navale. Entrambe non avvistarono l'obiettivo.

La formazione che seguì con partenza alle 12:05, costituita da otto velivoli Ju 87 dello St.G.3, attaccando nelle prime ore pomeridiane riusciva a conseguire un risultato utile contro una delle motosiluranti, affondandola a nord di Marsa Matruh.

Si trattava della MTB 310 (tenente di vascello. Stewart Lane), che alle 07:30, come abbiamo detto, era stata colpita gravemente dai Mc 200 dell'8° Gruppo Caccia. Gli equipaggi tedeschi rilevarono che quella piccola nave era carica di soldati, i quali, assieme ai membri dell'equipaggio, si salvarono raggiungendo la costa africana.

▲ In una base della Libia uno Ju 87D della 6ª Squadriglia del II./St.G.3 del Fliegerführer Afrika.

Sempre nelle prime ore pomeridiane, fu lo Zulu a costituire il principale bersaglio della Luftwaffe. Dapprima fu attaccato da nove bombardieri Ju 88 del II./LG.1, guidati dal capitano Karl-Heinz Schomann, che però non riuscirono a mettere colpi a segno.

Secondo il rapporto dell'O.B.S. uno degli Ju 88 della 6ª Squadriglia (essendo stato attaccato e colpito da un caccia Beaufighter del 252º Squadron della RAF con pilota il sergente S.J. Kernagham), finì in mare, perché il pilota, sottufficiale Karl-Heinz Mattaei, fu costretto a effettuare un ammaraggio forzato a 30 km a nord-nordest di Capo Kenays; e un altro Ju 88 della 4ª Squadriglia, con pilota il tenente Alfred-Peter Auer, fu abbattuto per errore di riconoscimento dalla contraerea tedesca mentre atterrava a Haggag el Qasaba. Era il terzo velivolo del II./LG.1 ad andare perduto quel 14 settembre.

Ma era destino che per il cacciatorpediniere si realizzasse un epilogo fatale, che ebbe inizio subito dopo che l'equipaggio lo aveva abbandonato, e in parte era stato recuperato dai cacciatorpediniere di scorta Beaufort (tenente di vascello Standish O'Grady Roche) e Dulverton (capitano di corvetta William Napier Petch). Per dare all'incrociatore il colpo di grazia, il Beaufort sparò vari colpi contro il Coventry con scarso effetto. Allora intervenne il Croome (capitano di corvetta Rupert Cyril Egan) che essendo in compagnia dell' Hursley (tenente di vascello. William John Patrick Church), tempestò l'incrociatore con centoventiquattro proietti, per poi tentare di finire il suo compito facendo esplodere presso lo scafo di quella nave tre bombe di profondità, ma anch'esse senza successo. Allora, il Croome trasmise che il Coventry in fiamme si trovava ancora a galla sebbene gli fossero state sparati contro proiettili artiglieria e cariche di profondità. Lo Zulu, fu allora avvertito di andare a dare il colpo di grazia all'incrociatore e pertanto il cacciatorpediniere diresse per raggiungere il Coventry, per portare a termine l'ingrato incarico affidatagli.

▲ Una motosilurante in fiamme fotografata alle ore 12:36 del 14 settembre da un ricognitore Ju 88 della 1.(F)/121. Era probabilmente la MTB 310, che dopo essere stata colpita gravemente dai caccia Mc 200 dell'8º Gruppo era stata colpita e affondata nelle prime ore del pomeriggio dagli Ju 87 dello St.G.3 a nord di Marsa Matruh.

▲ Bombardieri tedeschi JU 88 della 5ª Squadriglia del II./LG.1. Nel corso delle operazioni questo gruppo da bombardamento del 1° Stormo Sperimentale del X Fliegerkorps perse tre velivoli.

▼ Caccia a lungo raggio britannico Beaufighter del 252° Suquadron della RAF del Medio Oriente, con la mimetizzazione desertica. È stato uno dei velivoli mito della seconda guerra mondiale, perché impiegato con straordinaria efficacia sia come velivolo da caccia diurno e notturno, aereo da attacco ad unità navali e a obiettivi terrestri, con impiego del mitragliamento di bombe e razzi, ed anche nella versione aerosilurante, ottenendo in ogni campo successi a volte clamorosi.

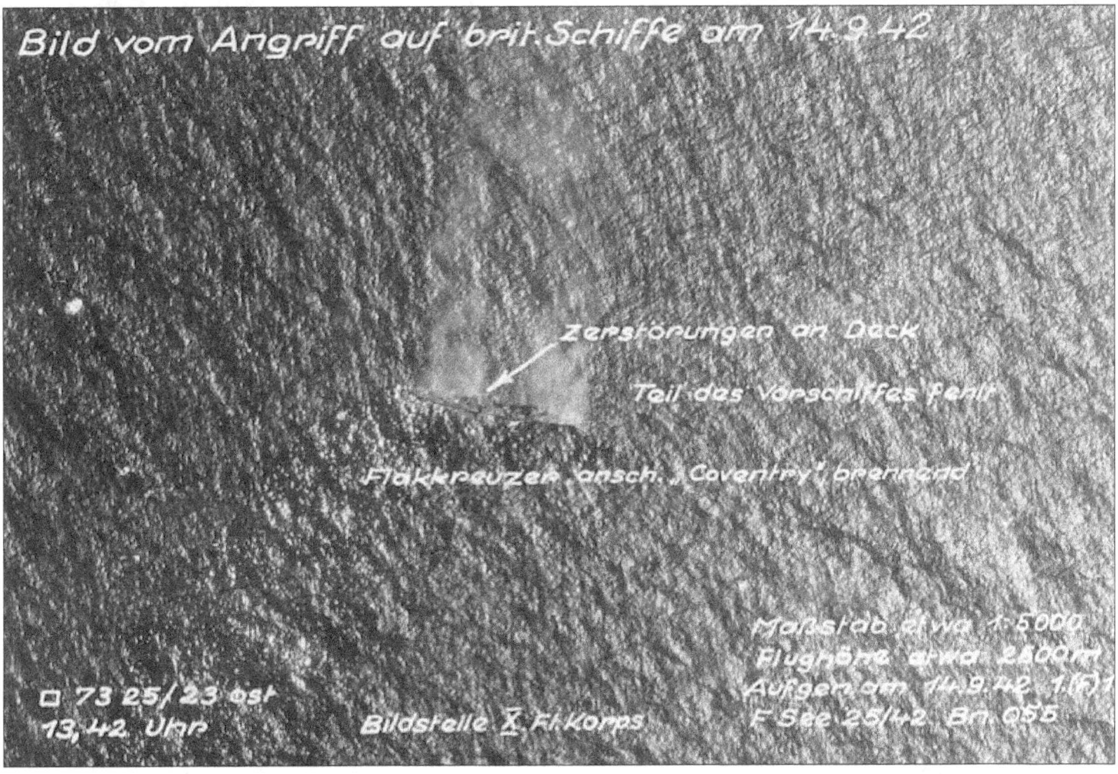

▲ L'incrociatore Coventry in fiamme fotografato da alta quota, alle 13:42 del 14 settembre, da uno Ju 88D della 1.(F)/121. Le due foto sono simili ma differenti nella colorazione della stampa, e per l'aggiunta nella prima foto della scrittura in basso con le date 29 e 30 settembre 1942.

Alle 15:15 lo Zulu raggiunse l'immobilizzato incrociatore contraereo e dette al Coventry il colpo di grazia con lancio di due siluri[66].

Il Coventry, con il quale andarono perduti il comandante, capitano di vascello Ronald John Robert Dendy, e sessantaquattro uomini, affondò in serata, alle 19:15, in lat. 32° 40' N, long. 28°17' E, in una zona di mare in cui la profondità è di 2.500 metri.

Ma a iniziare da questo momento, essendo rimasta l'unità navale britannica più rappresentativa, lo Zulu costituì il principale bersaglio degli Ju 88 del 1° Stormo Sperimentale, e degli Ju 87 del 3° Stormo Stuka. Vediamone lo svolgimento.

Su venti bombardieri dell'LG.1 decollati tra le 13:55 e le 17:50 dagli aeroporti di Creta in quattro formazioni, soltanto la prima, con sette velivoli del I./LG.1, rintracciò l'obiettivo da attaccare. I bombardieri picchiarono sulle unità britanniche in ritirata, che reagivano agli attacchi sparando con tutte le loro armi. Ciononostante lo Zulu riportò alcuni danni per una bomba caduta vicino allo scafo, che causò al cacciatorpediniere una diminuzione di velocità e mise fuori uso le apparecchiature radio. Lo Zulu e anche il Dulverton (capitano di corvetta William Napier Petch) alle 14:47 e 14:49 segnalarono di essere stati attaccati da aerei, ma di non essere stati colpiti.

Particolarmente esaltante fu invece il racconto che gli equipaggi dei sette Ju 88 del I./LG.1 fecero nei loro rapporti al rientro alla base, come appare nel bollettino dell'O.B.S., in cui si riferisce che furono colpiti nell'attacco tre cacciatorpediniere, dei quali *"uno incendiato fu visto fermarsi. Altro cacciatorpediniere colpito con una bomba da 500 chili e da una da 250 chili a metà scafo, fu visto fermarsi in fiamme. Altro cacciatorpediniere colpito presso il fianco da due bombe da 250 chili e sicuramente danneggiato[67]"*.

▲ Un bombardiere Ju 88 della Squadriglia Comando del 1° Gruppo Sperimentale (Stab./I./LG.1) in volo sul mare.

---

66 Alle 14:10 del 14 settembre il cacciatorpediniere Croome che era in compagnia del Hursley, trasmise che il "testardo" Coventry in fiamme si trovava ancora a galla sebbene gli fossero state sparati contro proiettili artiglieria e cariche di profondità.

67 ASMAUS, "Bollettini operativi giornalieri della 2ª Luftflotte", fondo SIOS.

▲ Il Coventry immobilizzato che ha vicino i cacciatorpediniere Zulu , Beaufort e Dulverton.

▼ Altra ripresa del Coventry, ravvicinata, prima di essere affondato da due siluri dello Zulu.

La navigazione verso oriente dello Zulu e dei due cacciatorpediniere di scorta Hursley e Croome ebbe un epilogo fatale nel corso di quel pomeriggio del 14 settembre. Una prima azione assegnata a tre cacciabombardieri Bf 109F dello Stormo Africa (Jabo St.Afrika), decollati alle 13:15 per attaccare la formazione navale, non ebbe successo per mancato avvistamento dell'obiettivo.

Successivamente, le tre navi britanniche furono attaccate da una formazione di otto Ju 87 dello St.G.3 decollati alle 13:35 da Haggag el Quesada. I piloti degli Stuka notarono molte bombe cadere vicino agli scafi, ma senza conseguire colpi diretti sui bersagli.

Poi, alle 15:30, sopraggiunse sul medesimo obiettivo un'altra formazione di bombardieri in picchiata, decollata anch'essa da Haggag el Quesada, costituita da diciannove Ju 87 del 3° Gruppo del 3° Stormo Stuka (III./St.G.3 ex II./St.G.2), e guidata dal comandante del reparto, capitano Kurt Walter. I piloti, rientrati alla base, dichiararono di aver centrato con una bomba da 250 chili un cacciatorpediniere, sul quale si sviluppò un grosso incendio.

In effetti, alle ore 16:15 secondo l'orario britannico, la bomba esplose nella sala macchine dello Zulu, determinando l'allagamento delle sale caldaie e macchine, e arrestandone la velocità. Il cacciatorpediniere, sbarcati i soldati che ancora erano a bordo, trasferendoli con quasi tutto l'equipaggio sul Croome, che imbarcò nove ufficiali, centottanta marinai e sessanta Royal Marines, fu preso a rimorchio dall'Hursley (tenente di vascello: William John Patrick Church). Ma poiché la galleggiabilità dello Zulu era compromessa dalle forti entrate d'acqua in carena, il cacciatorpediniere fu definitivamente abbandonato, anche dal nucleo degli uomini che era rimasto a bordo per le operazioni di rimorchio.

▲ Il complesso quadrinato contraereo pom-pom del cacciatorpediniere Zulu.

▲ Caccia tedesco Bf 109F nella configurazione «Jabo» (cacciabombardiere). Notare la bomba da 250 kg sotto la carlinga.

▼ Cacciabombardiere ("Jabo") Bf 109F dello Stormo JG.27 in Libia-Egitto.

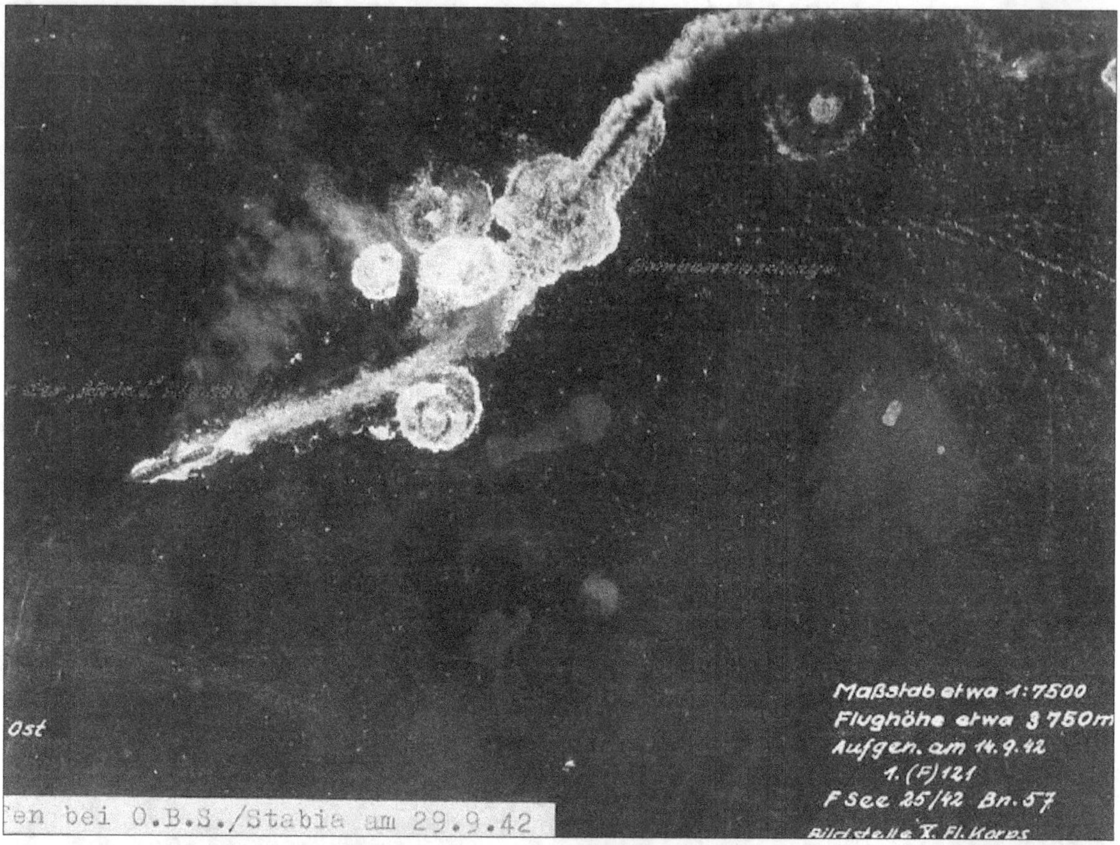

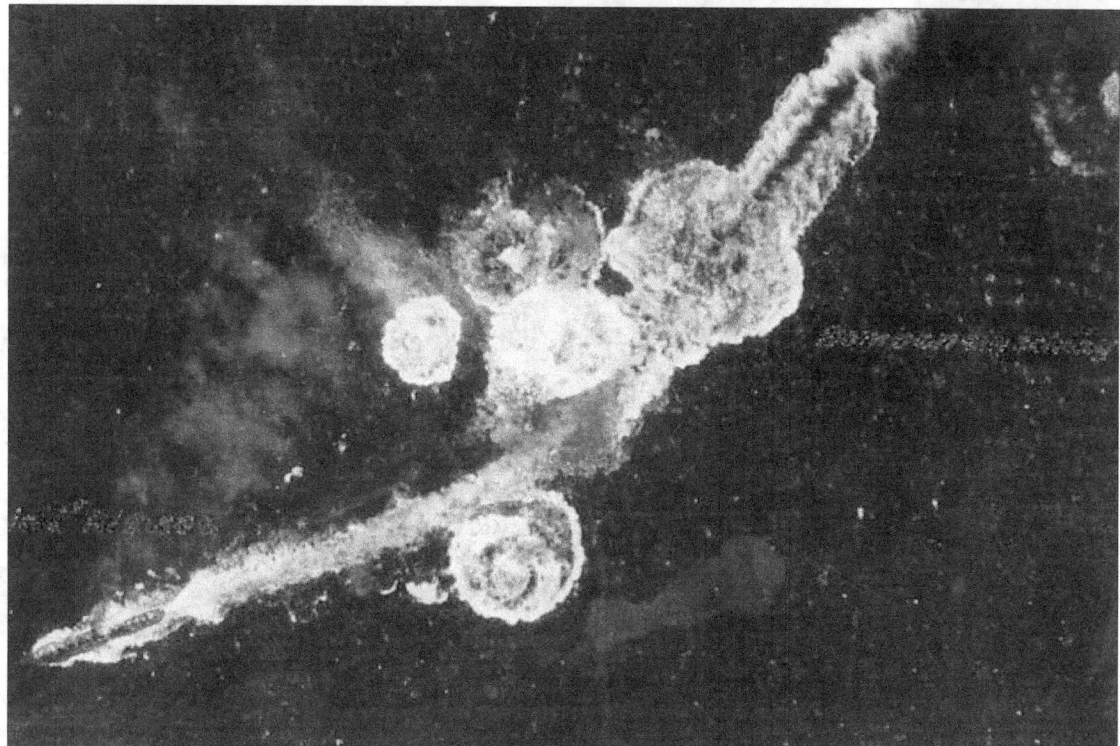

▲ Il cacciatorpediniere Zulu manovra per schivare le bombe sganciate dagli Ju 87 del III./St.G.3. La foto (sotto ingrandita) è stata ripresa da uno Ju 88D da ricognizione della squadriglia 1.(F)/121.

Dopo un attacco di altri nove Ju 87 dello St.G.3 giunti sulle navi superstiti alle 16:45, i cui equipaggi ritennero di aver visto una bomba da 250 chili esplodere presso il fianco di un cacciatorpediniere, da parte tedesca nel tardo pomeriggio, tra le 16:00 e le 17:50, vennero ancora inviati in volo tredici Ju 88 dell'LG.1 del X Fliegerkorps, decollati da Creta in tre piccole formazioni, quattordici Ju 87, e dodici caccia bombardieri Bf 109 del Fliegerführer Afrika, anche questi ultimi decollati in tre piccole pattuglie.

Volando in unica formazione, i quattordici Ju 87 dello St.G.3 poterono svolgere con regolarità la loro missione attaccando, alle 17:10, quattro motosiluranti, senza però poterne valutare gli effetti distruttivi. Fu soltanto danneggiata dalle schegge delle bombe cadute in prossimità dello scafo la motosilurante MTB 266 (sottotenente di vascello John Norman Broad).

Seguirono poi le azioni dei cacciabombardieri dello Jabo St.Afrika. La prima pattuglia di tre Bf 109, partita alle 16:00 per attaccare le forze navali, non avvistò l'obiettivo; altri tre Jabo, partiti alla stessa ora, attaccarono a volo radente un incrociatore circondato da due cacciatorpediniere a 180 miglia a nord di El Daba. Uno dei cacciatorpediniere apparve colpito da due bombe da 250 chili. Una delle due navi ferme era certamente lo Zulu, con accanto i cacciatorpediniere Hursley e Croome che alle 17.07 segnalò di essere attaccato da aerei. Infine, sei Jabo Bf 109 attaccarono la medesima formazione navale a nord di El Daba, con le bombe che caddero molto vicine agli scafi delle unità britanniche prese di mira. Anche in questo caso il Croome segnalò, alle 17:47, di essere attaccato da bombardieri.

Nel corso di queste ultime azioni, con inizio alle 17:45, decollarono quattordici caccia Bf 109 dell'JG.27 con il compito di essere impiegati nella scorta ai bombardieri in picchiata dello St.G.3.

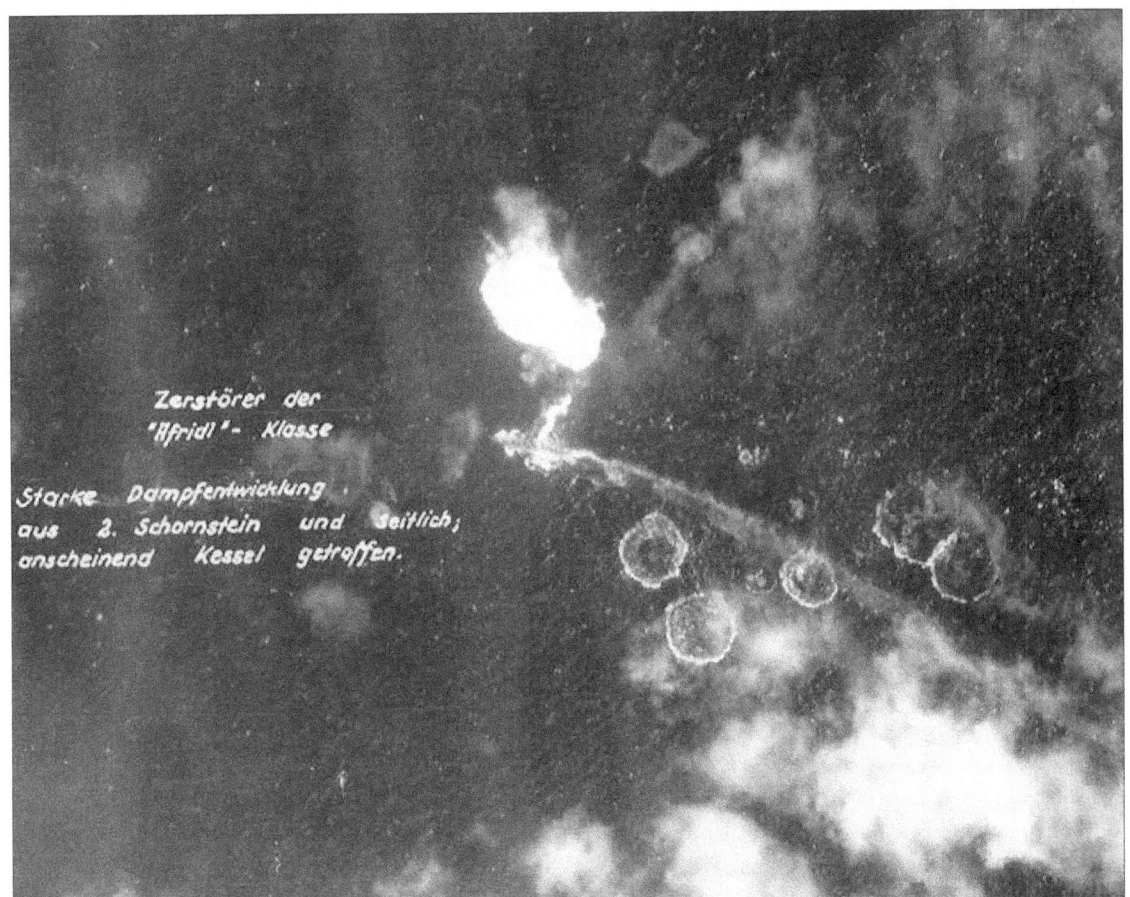

▲ Immagine scattata da uno Ju 88D da ricognizione della 1(F)/121. Ora (tedesca) 15:01, il momento in cui lo Zulu, giustamente riconosciuto per cacciatorpediniere della classe "Afridi", è colpito dagli Ju 87 del III./St.G.3.

Nel frattempo, alle 17:23 del 14 settembre il Comando in Capo del Mediterraneo ordinò ai cacciatorpediniere di scorta della 5ª Flottiglia Dulverton, Beaufort, Hurworth, Exmoor (che già alle 09:30 avevano segnalato all'incrociatore Coventry di restare con un'autonomia di diciotto ore alla velocità di 19 nodi e necessitavano di nafta) di rientrare ad Alessandria. Poco dopo, alle 17:35, fu segnalato all'Aldenham che lo Zulu era stato colpito ed arrestato in posizione 032° 37' Nord 028° 30' Est, e che il Croome e Hursley rimanevano con lo Zulu, mentre gli altri cacciatorpediniere di scorta rientravano ad Alessandria. All'Aldenham era ordinato di procedere con il rimorchiatore di salvataggio Brigant, salpato da Alessandria, per andare ad assistere lo Zulu, e fu messo al corrente che i caccia del 252° Wing (Stormo) avrebbero assicurato la protezione alle navi fino al buio.

Le azioni aeree tedesche della giornata si conclusero con le missioni di tredici Ju 88 dell'LG.1, decollati da Creta in tre formazioni alle ore 17.20, 17.48 e 17.50, e rispettivamente costituite da quattro, sei e tre velivoli. Ma, a causa della sopraggiunta oscurità, soltanto i primi quattro Ju 88 riuscirono a rintracciare l'obiettivo. Uno di essi, alle 18:15 attaccò in picchiata un incrociatore, che era sempre lo Zulu il quale procedeva con una velocità di 2 nodi, con vicino il Croome e Hursley. Poi, alle 19:30, gli altri tre velivoli della formazione attaccano, sempre in picchiata, i tre cacciatorpediniere, di cui due apparivano fermi, senza ottenere risultati, anche perché l'attacco fu disturbato da caccia britannici a lungo raggio Beaufighter, quattro dei quali si trovavano in due sezioni ad alta e bassa quota, rispettivamente a 14.000 e 1.500 piedi. Il Croome segnalò l'attacco alle 19:28.

Due dei sei velivoli Ju 88 della seconda formazione non avendo trovato le navi andarono a sganciare le bombe su obiettivi nemici della costa egiziana, rispettivamente a est di El Hamman e sull'aeroporto di Burg El Arab.

Durante le missioni per la protezione delle navi da parte dei Beaufighter della RAF, il sergente S.J. Kernaghan, pilotando un velivolo del 272° Squadron, si accreditò, con molto ottimismo, l'abbattimento di uno Ju 87 e il probabile abbattimento di uno Ju 88. Anche il comandante del cacciatorpediniere Croome sostenne di aver abbattuto uno Ju 88, ma era un'illusione.

Dopo l'imbrunire, alle 21:54, lo Zulu, sbandando sulla dritta e capovolgendosi, affondò rapidamente in lat. 32° 00' N, long. 28° 56' E, a nord di Marsa Matruh. Ciò avvenne prima che fosse potuto intervenire il rimorchiatore salvataggio Brigant, fatto partire da Alessandria, scortato dal cacciatorpediniere di scorta Belvoire (a cui poi in seguito all'ordine ricevuto si sarebbe aggiunto l'Aldenham) e dai velivoli da caccia a lungo raggio Beaufighter del 252° e del 272° Squadron della RAF. Con lo Zulu si persero trentotto uomini, compresi quattro ufficiali. Dopo di ché il Croome segnalò che rientrava ad Alessandria, e che aveva a bordo nove ufficiali, centottanta marinai e sessanta Royal Marines[68].

▲ Il cacciatorpediniere di scorta Aldenham nel 1942.

68 Il 14 settembre si trovavano nel Mediterraneo Orientale, nel tratto di mare tra Alessandria e la costa della Siria-Palestina, i quattro sommergibili tedeschi U-371, U-375, U-559 e U-561. Ritenendo che le navi britanniche in ritirata da Tobruk erano dirette ad Alessandria e Haifa, alle 17:00 fu dato l'ordine all'U-559 e all'U-375 di spostarsi in posizione adatta per intercettarle verso i due porti, ma i due sommergibili non fecero alcun avvistamento.

▲ Dall'articolo dell'Autore, Il fallito sbarco inglese a Tobruk del 14 Settembre 1942, stampato da "Il Giornale d'Italia" il 7 gennaio 1987. E.C.: Gli Ju 88 del I./LG.1 che affondarono il Coventry partirono da el Quesada.
▼ A sinistra, il maggiore Walter Sigel, comandante dello St.G.3. A destra, il maggiore Gerhard Kollewe comandante del II./LG.1.

L'operazione "Daffodil" del piano "Agreement" ebbe praticamente termine alle 07:05 del 15 settembre, quando i superstiti cacciatorpediniere arrivarono nel porto di Alessandria, sbarcandovi i feriti e gli altri sopravvissuti delle navi. Vi arrivò miracolosamente anche una delle motosiluranti più danneggiate, la MTB 313 (sottotenente di vascello. Thomas George Fuller), sebbene la sala macchine fosse stata colpita seriamente dal mitragliamento degli aerei.

Danni di una certa importanza aveva riportato anche la MTB 266 del sottotenente di vascello Richard Smith, a causa delle schegge per una bombe esplosa vicino allo scafo, sganciata da uno Stuka tedesco, che uccise uno dei passeggeri: il tenente R. MacDowall del reggimento Argyll.

▲Bristol Beaufighter del 272 Squadron della RAF del Medio Oriente, che nell'operazione Agreement, partendo dalle basi egiziane, furono intensamente impiegati per la protezione delle navi britanniche.

LE INFORMAZIONI CRITTOGRAFICHE DELL'ORGANIZZAZIONE ULTRA

Tra le tante decrittazioni dell'ultra, nella sua sede londinese di Bletchley Park, che riguardavano notizie di ogni genere su quali erano gli intendimenti degli italiani e dei tedeschi, ma che al momento non poterono essere sfruttate in tempo reale, perché per le decrittazioni servirono diverse ore, ve ne furono due che si dimostrarono importanti per i britannici. E ciò sia per conoscere la sorte di una loro nave catturata, e sia per conoscere che l'ordine operativo delle operazioni della "Agreement" era caduto nelle mani degli italiani, e che le informazioni in esso contenute, di grande importanza per conoscere i movimenti e gli obiettivi dei nuclei britannici nel deserto, le cui operazioni erano ancora in atto, e potevano essere sospese, venivano passate ai tedeschi.

Alle 10:04 del 14 settembre la 6ª Flottiglia motosilurante tedesca informò il Comando della Marina Germanica in Italia della cattura di una motosilurante, e l'Ultra, intercettando e decifrando il messaggio trasmise l'informazione alle ore 21:15 del 15 (ZIP/ZTPGN/595). La seconda parte del messaggio avvenne con trasmissione delle ore 13:00 del 14, e l'Ultra poteva specificare che la MTB 314 era stata catturata dal moto dragamine tedesco R 10 del tenente di vascello Merks [sic], e che era stata portata alla banchina del porto di Tobruk con leggere avarie e con tredici uomini dell'equipaggio prigionieri. L'Ultra diramò la notizia alle 13:03 del 15 settembre, e nello stesso tempo dalla precisa decrittazione di una serie di messaggi trasmessi dalle radio italiane e tedesche, fu in grado di conoscere anche le perdite subite dal nemico: otto morti e diciannove feriti i tedeschi, quindici morti e quarantatré feriti gli italiani. Perdite che però successivamente risultarono molto inferiori alla realtà.

Nella stessa giornata del 15 settembre l'Ultra, decifrò un altro messaggio italiano spedito da Marina Tobruk a Roma, che informava della cattura della motosilurante MTB 314. Nel messaggio si riportava che i tedeschi chiedevano di inserire quella preda nella loro 6ª Flottiglia come mezzo antisom, in sostituzione nelle operazioni in Nord Africa di una loro unità [la R 9], che era andata perduta (ZIP/ZTPGN/733 e 598). In altro messaggio tedesco del 15 settembre si specificava che la cattura della motosilurante era avvenuta dopo che la resistenza dell'equipaggio era stata vinta, e che la MTB 314, leggermente danneggiata, si trovava sotto controllo. (CX/NSS/ZIP/ZIPGN/594)

In altro messaggio del giorno 16 l'ammiraglio Lombardi, Comandante della Marina della Libia, rispose di non avere alcuna obiezione che la 6ª Flottiglia moto dragamine entrasse in possesso della motosilurante britannica, ma che la decisione andava presa dal Comando Navale italiano [Supermarina] (ZIP/ZTPGM/610). Anche Delease [la delegazione Africa Settentrionale comandata dal Generale Curio Barbasetti di Prum], pur trovandosi d'accordo nel cedere l'unità ai tedeschi, che l'avevano catturata, rispose che la decisione spettava invece al Comando Supremo.

Il 16 settembre, sempre tramite l'Ultra, i britannici appresero che la motosilurante era stata accordata alla 6ª Flottiglia moto dragamine, e il 20 conobbero che il nominativo assegnatogli era RA 10 (ZIP/ZTPI/17385). Oltre a questo i britannici appresero, sempre dall'Ultra, che erano stati catturati due mezzi da sbarco MLC e quattro motobarche, e che il Comando della Marina a Derna chiedeva a Supermarina di inviare dall'Italia degli esperti in modo da sfruttare l'opportunità che si offriva di poter studiare le caratteristiche di quei mezzi. (ZIP/ZTPI/21/9/42).

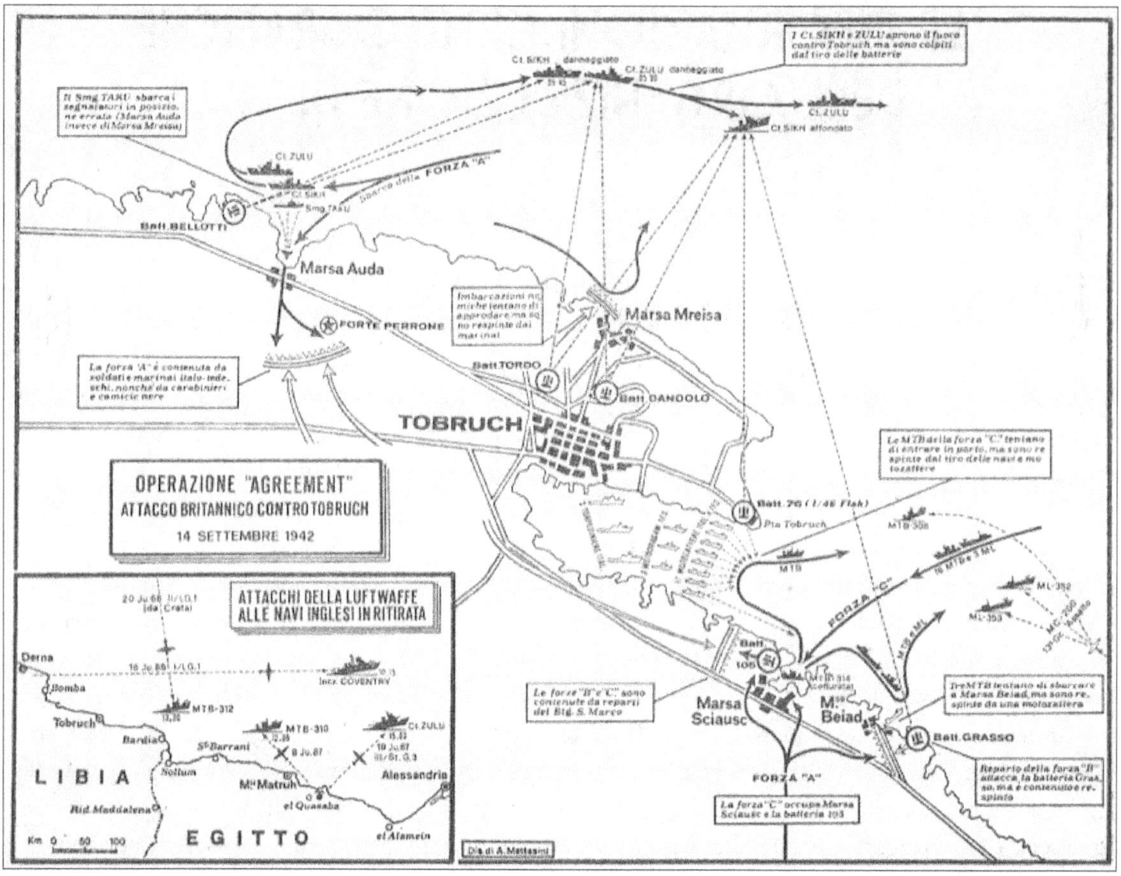

▲ L'attacco britannico contro Tobruk. (Disegno di Antonio Mattesini). Cartina dell'Autore, già pubblicata nel libro *La partecipazione tedesca alla guerra aeronavale nel Mediterraneo (1940-1945)* nel 1980, e poi stampata da "Il Giornale d'Italia" il 6 e 7 gennaio 1987 nell'articolo *Il fallito sbarco inglese a Tobruk del 14 Settembre 1942*, e infine stampata dall'USMM, nel saggio, sempre dell'Autore", L'Operazioner "Duffodil" nel piano Agreement.

▼ L'ammiraglio Giuseppe Lombardi ripreso in Nord Africa assieme ad un gruppo di ufficiali italiani e tedeschi.

Passiamo ora alla diramazione di altre decrittazioni. Il 14 settembre, da un'intercettazione tedesca delle ore 23:48 trasmessa dal Comando Trasporti Nord Africa ai maggiori Comandi germanici, compreso l'O.B.S. (TO 10510/14/9/42) fu appreso che si stava valutando l'importanza di un esatto documento nemico, e l'indomani 15 settembre l'Ultra svelò che da una comunicazione trasmessa da Marina Tobruk al Comando Marina Tripoli, si apprendeva che un importante documento catturato nel porto di Tobruk, veniva spedito in volo a Tripoli. (ZIP/ZTPI/17334).

Poi alle 19:55 il Comando Navale di Tobruk comunicò al Comando Marina Tripoli di essere in possesso dell'intero ordine di operazione britannico in cui era descritto il coordinamento delle forze navali e di quelle terrestri che avevano investito la piazzaforte di Tobruk. Si faceva notare quale importanza avesse il documento per conoscere le azioni nel deserto delle varie formazioni britanniche con le forze impiegate, e si specificava nel messaggio che il nemico aveva l'intenzione di restare a Tobruk per realizzare le distruzioni soltanto ventiquattro ore. (ZIP/ZTPI/17334).

Tra le decrittazioni dell'Ultra, che decifrava in continuazione le comunicazioni dei maggiori Comandi italiani e tedeschi, fino ad avere cognizione dei rapporti giornalieri delle varie operazioni delle tre forze armate dell'Asse, quello stesso giorno 15 fu portato a conoscere che nel porto di Tobruk era stato colpito leggermente da un proiettile da 120 mm il piroscafo italiano Sibilla, mentre un secondo colpo sulla nave non esplose. Inoltre, che erano stati fatti 566 prigionieri britannici, compresi 34 ufficiali e un giornalista americano, e che di essi 466 erano stati recuperati in mare, dalle navi affondate. (ZIP/ZPTI/1727 e 1728).

Sempre il 15 settembre, alle 06:00 fu decifrato dai britannici un rapporti di Supermarina sulla situazione navale alle ore 14:00 del 14, in cui, tra l'altro, si riferiva che contro le navi britanniche in ritirata *"L'attacco aereo fu effettuato dalla Luftwaffe durante il giorno, come risultato dal quale il nemico fu sparpagliato e ritirato esternamente in piccoli gruppi isolati di varia forza"*.

Alle 19:45 dello stesso giorno 15, l'ammiraglio Lombardi trasmetteva il seguente messaggio, intercettato e decrittato l'indomani dall'Ultra:

Da Tobuk a Roma - Dal Comando Navale in Libia: 28178 – I Marescialli Kesselring e Rommel e il Generale Barbasetti hanno tenuto una conferenza oggi sull'azione di Tobruk durante la notte scorsa. Ho fatto un rapporto sull'operazione che ho diretto come Comandante sottolineando il ruolo svolto dalle forze aeree e unità navali sia in mare che a terra e mi congratulo caldamente per il successo che è stato dichiarato di grande importanza. (ZIP/ZTPI/17387 – 2009/16/9/42).

Infine, alle 02:12 del 16 settembre, i britannici decifrarono il messaggio 1838/15 spedito alle 18:38 del 15 settembre dal Comandante della Marina Germanica in Italia, in cui l'ammiraglio Weichold elogiava il tenente di vascello Schmidt ufficiale alle comunicazioni navali della Cirenaica scrivendogli:

Immediato. Tramite la tua iniziativa di testimone e le relazioni sulla vigilanza, che erano stati per un po' di tempo i nostri unici dati per stimare la situazione, hai giocato un ruolo importante nella sconfitta rapida e vittoriosa del nemico. Con la presente esprimo la mia particolare gratitudine a voi e ai vostri uomini. (TOI 0212/16/9/42).

▲ Un ruolo importante nella decifrazione dei messaggi tedeschi, italiani e giapponesi, compilati con macchina cifrante o manualmente, lo avevano le donne di BletchleyPark nell'organizzazione Ultra.

L'OPERAZIONE "HYACINTY": L'ATTACCO DEL LRDG ALL'AEROPORTO DI BARCE

Il fallimento dell'"Agreement", senza procurare a Tobruk danni apprezzabili, causò ai britannici, secondo le loro cifre, la perdita di 746 uomini (circa 280 della Marina, 300 Royal Marines e 160 soldati), di cui 576 fatti prigionieri.

A tale disastro si aggiunsero solo modesti risultati positivi conseguiti nel deserto contro gli appostamenti logistici in Cirenaica, ad eccezione di un attacco particolarmente efficace nell'aeroporto di Barce (Operazione "Hyacinty"), a 89 chilometri a nord est di Bengasi, lungo la strada costiera Balbia. L'impresa fu realizzata da guastatori britannici del LRDG, partiti il 2 settembre da El-Fayum, al comando del maggiore John Richard Easonsmith, comandante dello Squadron B, al quale era stato dato il compito di penetrare nel perimetro del campo di volo, per distruggere i bombardieri italiani Cant Z 1007 bis del 35° Stormo, comandato dal colonnello Bruno Borghetti, che disponeva di due gruppi, l'86° (tenente colonnello Goffredo Marrana) e il 95° (maggiore Rinaldo Tieri[69]).

L'incarico del raid fu assegnato da Easonsmith alle due pattuglie G1 e T1, rispettivamente al comando dei capitani J.A.L. Timpson e N.P. Wilder, con in totale di quarantasette uomini trasportati da dodici camionette Chevrolet 1533X2 e cinque fuoristrada (Jeep), a cui si aggiunsero per accompagnare la colonna due camion da 10 tonnellate della Sezione pesante che avrebbe fornito tutta la benzina necessaria per le prime 200 miglia di deserto (320 km). Al rientro, dopo la prima settimana, altri due camion pesanti avrebbero fornito la benzina per il ritorno. Alla G1 era aggregato uno specialista della guerra del deserto, il maggiore belga di origini russe Vladimir Peniakoff (detto "Poskii") con due suoi agenti arabi della tribù senussi.

Una terza pattuglia, la S2 composta da rodesiani agli ordini del capitano John Olivery, aveva ricevuto l'ordine di dirigersi su Bengasi, oltre le dune mobili del Gran Mare di Sabbia (tra Libia e Egitto), per servire, nell'operazione "Bigamy", da appoggio all'incursione che doveva essere condotta contro quel porto dallo Special Air Service (SAS) del tenente colonnello Stirling.

Durante il difficoltoso, faticoso e snervante viaggio, che comportò ai mezzi dello Squadron B di percorrere nel deserto sabbioso, dalla temperatura implacabile, una distanza di 1.155 miglia (1.859 Km), il 6 settembre, a 800 miglia da Barce, la Jeep del capitano Timpson si capovolse, ferendo gravemente l'ufficiale, che durante tutta la missione dovette cedere il comando della pattuglia G1 al sergente Jack Dennis, mentre egli con il suo autista fu trasportato in un ospedale volando con un aereo Hudson.

▲ Il maggiore John Richard Easonsmith, comandante dello Squadron B nell'operazione "Caravan".

---

69 AUSMM, "Comando Settore Aeronautico Centrale. Incursione nemica sull'aeroporto di Barce", *Scontrri navali e operazioni di guerra*, cartella 91.

▲ Il capitano J.A.L. Timpson, comandante della pattuglia G1, che nella marcia verso l'aeroporto di Barce restò gravemente ferito nel ribaltamento della sua Jeep.

▼ Il maggiore Vladimir Peniakoff in viaggio per Barce. La sua Jeep è armata con mitragliatrici binate Vickers K ed è carica di taniche di benzina, carburante necessario per il lungo trasferimento.

Raggiunta il 13 settembre la località di Benia, a circa 24 chilometri a sud di Barce, impiantandovi una base segreta, in un ultimo briefing fu stabilito che la pattuglia T1 doveva attaccare l'aeroporto, mentre la pattuglia G1 avrebbe attaccato per diversione le baracche della caserma del Campo Maddalena, 3 chilometri a sud-ovest di Barce, e la stazione ferroviaria a sud del paese. Sfuggì però il fatto che un aereo da osservazione italiana, Ca 311 della 131ª Squadriglia del 66° Gruppo Osservazione Aerea, aveva rilevato la loro presenza poco dopo il loro arrivo a Benia. Infatti, nel pomeriggio una ventina di camionette, furono avvistate in località Sidi Noies, ed altre camionette apparvero a qualche chilometro da Gerdes el Abid. In seguito a ciò il Comando Difesa Cirenaica aveva posto in stato di allarme i presidi del Gebel cirenaico, che fu poi esteso ai settori di Derna e Agedabia-Gialo.

Ne conseguì che fu notevolmente aumentata la sorveglianza nell'aeroporto di Barce, facendo affluire da Derna una compagnia del Battaglione Superga dell'Esercito, e prendendo provvedimenti che, tra l'altro comportarono di realizzare un sistema di difesa esterno ed interno con nove carri armati tipo L 3/35 anch'essi arrivati di rinforzo.

Dopo che i due agenti arabi mandati in esplorazione non erano tornati, lo Squadron B cominciò a muovere al crepuscolo, tagliando i fili del telefono lungo la via Balbia, per poi dirigere per attaccare l'aeroporto di Barce; ma in questa fase di avvicinamento due camion entrarono in collisione, ed uno rimase inutilizzato e fu abbandonato. La marcia proseguì incontrando una colonna motorizzata italiana in trasferimento; ma gli uomini dello Squadron B erano camuffati con divise tedesche e poterono continuare ad avanzare indisturbati, per poi raggiungere gli obiettivi assegnati nelle prime ore del mattino del 14 settembre, con il maggiore Easonsmith che, come programmato, sviluppò un'azione diversiva nella città di Barce che culmino, secondo le sue dichiarazioni, con la distruzione di dieci camion, un'autobotte e un trattore, che si trovavano in un'area di parcheggio.

▲ Operazione "Caravan". Untira III, la Chevriolet del capitano Nick Wildere, comandante della pattuglia T1 nell'attacco all'aeroporto di Barce.

Le pattuglie T1 e G1, con neozelandesi e guardie, procedendo con i fari accesi, per far credere all'avversario di essere mezzi amici, lasciata indietro una delle camionette con l'apparecchiatura radio ad un bivio appena fuori Barce, dopo essersi divise attaccarono l'aeroporto. Una Jeep e tre camionette, con il sergente Dennis, si diressero a sinistra verso la caserma, mentre una Jeep e quattro camionette, con il capitano Nick Wilder si spostarono a destra. Quindi i neozelandesi cominciarono a sparare, colpendo con il tiro rapidissimo delle mitragliere singole Browning e binate Vicker gli aerei parcheggiati nel campo di volo, e prendendo di mira la caserma con un mezzo armato di cannoncino da 20 mm Breda, di preda bellica, e lancio di bombe a mano. La rapida azione ebbe termine alle 04:00.

Nel ritirarsi, a tutta velocità, inseguiti dal fuoco di armi leggere, e in particolare di due carri armasti leggeri italiani L3 che avendo bloccato la via di uscita costrinsero i mezzi britannici a girare al largo, le due pattuglie si riunirono con il maggiore Easonsmith, per poi dirigere verso Fuka. Ma a un posto di blocco italiano a sud di Sidi Selim fu colpita la camionetta del medico, con il ferimento di tre uomini che si trovavano a bodo. L'automezzo preso a rimorchio, fu poi abbandonato assieme ad altri due che erano stati in precedenza danneggiati durante la ritirata dall'aeroporto di Barce, tra i quali quello del sergente Dennis, nel tentativo di uscire dall'aeroporto per la strada principale, era andato ad urtare contro un carro armato L3[70].

Il successivo attacco in forze dell'Aeronautica italiana della Libia (5ª Squadra Aerea), iniziato alle 10:30 e proseguito ad ondate successive, con un mitragliamento continuo, per tutte le ore di luce, portò alla distruzione delle altre camionette, assieme a due Jeep, e al ferimento di diversi uomini. Ne conseguì che al termine della giornata del 14 settembre erano rimasti disponibili per la lunga marcia di ritirata, con riserve d'acqua gli sgoccioli, soltanto tre automezzi sui diciassette iniziali.

▲ Camionetta Chevrolet WB con impianto radio dalla lunga antenna. L'uomo nella parte posteriore sta manovrando un fucile anticarro.

70 Secondo il Diario del Comando Supremo (p. 131), l'azione contro Barce costò al nemico la perdita di *"2 morti, 5 prigionieri, 3 camionette distrutte e 2 catturate"*.

Vediamo ora come l'azione britannica fu vissuta da parte italiana. Difendevano l'aeroporto, con elementi di rinforzo richiesti ed arrivati la sera del 13 settembre per l'avvistamento di alcune camionette a sud dell'abitato di Barce, nove carri armati tipo L 3 della 10ª Compagnia, schierati lungo il lato nord-est a 500 metri di distanza, e diciannove mitragliatrici da 12,7 mm, di cui tredici entro il campo di volo e sei esternamente alla Via Balbia, con compito di difesa contraerea. Vi era anche una mitragliatrice contraerea da 8 mm, e tredici postazioni di tre fucilieri ciascuna, e pattuglie varie armate con moschetto e bombe a mano. Inoltre tra il personale addetto alla vigilanza, in parte mandato a dormire vestito per essere pronto ad accorrere nei punti di difesa assegnati (il colonnello Borghetti si ritirò nella sua abitazione alle ore 23:30), vi erano due carabinieri a protezione si ogni aereo, armati di moschetto.

Nonostante queste preoccupazioni alle 01:40 quattro camionette con i fari abbaglianti accesi, dopo aver percorso la strada Gebellina Sud per poi sbucare sulla Balbia, comparvero all'ingresso dell'aeroporto. Dal primo mezzo spararono una scarica di mitra contro la sentinella che all'intimazione di aprire la sbarra aveva chiesto la parola d'ordine, senza colpirla perché si gettò a terra, e alzata da sbarra, ad opera del compagno dell'autista, ed entrati nel campo le camionette si diressero a tutta velocità verso gli obiettivi da colpire, i trimotori del 35° Stormo, che erano ventisei, e gli altri velivoli di tipo vario in parcheggio.

Mentre una delle camionette [quella del sergente Dennis] *"permaneva nella zona dei fabbricati e ne mitragliava continuamente le porte le finestre per impedire ai difensori di intervenire, le altre camionette si portavano nella zona dello schieramento dei velivoli"*, e sempre mantenendo accesi gli abbaglianti, continuavano a sparare avanti e letteralmente man mano che procedevano nella loro corsa con le mitragliere e i cannoncini. Contemporaneamente altre due camionette percorrendo la via Balbia mitragliavano gli aerei che si trovavano sul lato settentrionale dell'aeroporto, manovrando in modo particolarmente efficace. Con le loro scariche di mitragliatrici sistemate sui loro mezzi (quattro per camionetta), con i fari abbaglianti accesi per illuminare il bersaglio, sparando raffiche di proiettili incendiari in continuazione sugli obiettivi più importanti, ossia gli aerei, riuscirono a colpire e distruggerne ben sedici di cui sette bombardieri Cant. Z 1007 bis del 35° Stormo, sei ricognitori Ca 301 del 66° Gruppo, un S.79, un Ghibli e un Fiesler "Storch" Cicogna) tedesco. Inoltre vennero danneggiati altri sei aerei italiani, due bombardieri Cant Z 1007 bis del 35° Stormo, tre ricognitori Ca 311 del 66° Gruppo, un Ro 63. Furono anche distrutti un autocarro con rimorchio e cinquantadue fusti di benzina, per essersi incendiati, e fu colpita gravemente un'autoambulanza, mentre le perdite umane italiane furono rappresentate da due militari uccisi, e sei feriti[71]. (Altra fonte riporta tre militari uccisi, quindici feriti e un disperso).

Erano perdite minori di quelle che gli uomini del commando ritennero di aver causato, ossia trentatré aerei distrutti e danneggiati invece dei reali ventidue. I britannici, invece, secondo quanto fu appurato dagli italiani, ebbero due morti, nove prigionieri, nonché sette camionette distrutte o immobilizzate, di cui cinque nell'abitato di Barce[72]. Quindi *"le camionette"* – che avevano agito quasi indisturbate perché gli uomini di guardia nell'aeroporto, che per evitare i colpi si era buttati a terra o si erano nascosti in rifugi improvvisati, *"uscirono quasi indisturbate per la stessa strada percorsa all'entrata in campo"*[73], e con tutti loro uomini illesi. Considerando il numero di aerei distrutti e di quelli danneggiati l'operazione, che praticamente metteva fuori combattimento quasi la metà dei velivoli del 35° Stormo Bombardamento Terrestre, fu un completo successo dei commando.

---

71 Giuseppe Santoro, *L'Aeronautica italiana nella seconda guerra mondiale*, Volume Secondo, Edizioni Esse, Milano-Roma, 1957, p. 327. SMEUS, Diario Storico del Comando Supremo, Volume VIII, Tomo I, Diario, Roma, 1999, p. 141.

72 ASMAUS, Comando della Piazza di Bengasi, Informazioni sulle azioni inglesi nella Cirenaica occidentale, Prot. N. 01/5494 del 20 settembre 1942. *Secondo fonti britanniche nell'attacco alla caserma di Barce, il reparto LRDG perse quattro uomini e due veicoli, e più tardi, vicino a Zaptié, fu intercettata da una colonna motorizzata italiana e ebbe tutti i camion, tranne due, danneggiati o distrutti. I due camion superstiti vennero caricati con i feriti più gravi, mentre gli altri uomini marciarono a piedi per 160 miglia (160 km). Gli italiani presero dieci prigionieri di cui sette neozelandesi, tutti feriti. Dopo un anno, quattro dei neozelandesi riuscirono a fuggire dal campo di concentramento.

73 ASMAUS, *Comando della Piazza di Bengasi, Informazioni sulle azioni inglesi nella Cirenaica occidentale*, Prot. N. 01/5494 del 20 settembre 1942; Comando 5ª Squadra Aerea, Relazione sull'incursione di camionette inglesi entro l'aeroporto di Barce la notte dal 13 al 14 settembre., del 23 settembre 1942, Protocollo n, 3439/OP.8.

▲ Vista ravvicinata di una camionetta Chevrolet e dei suoi tre uomini del Long Range Desert Group nel deserto. Un uomo sta manovrando con la mitragliatrice italiana Breda, mentre un altro è pronto a sparare con una Lewis. L'autista ha accanto il suo fucile Enfield.

▼ Velivoli italiani Cant Z 1007 bis della 191ª Squadriglia dell'86° Gruppo del 35° Stormo Bombardamento Terrestre, che costituì a Barce l'obiettivo principale delle pattuglie T1 e G1 del LRDG. Ne furono distrutti sette e danneggiati altri due.

Inoltre, da parte italiana, tra i ventitré velivoli (ventidue Cr 42 e un Ca 311) che ad iniziare dal mattino del 14 settembre si alzarono dall'aeroporto di Barce per attaccare le camionette che si stavano allontanando, andò perduto un caccia Cr 42 del 47° Gruppo del 50° Stormo Assalto (colonnello pilota Raffaello Colacicchi), con la morte del pilota sergente Ettore Mura.

I successi degli attacchi aerei furono buoni, poiché secondo un rapporto segretissimo cifrato britannico sui risultati delle varie operazioni della "Agreerment", trasmesso dal Comandante in Capo del Medio Oriente, generale Alerxander, al Primo Ministro britannico il 20 settembre 1942, a quella data le perdite subite dai commando nell'operazione di Barce erano le seguenti: personale sei morti, quattordici feriti, sei dispersi; veicoli distrutti o abbandonati trentatre, di cui diciotto da 3 tonnellate. La camionetta Chevrolet "Te Anau II" della pattuglia T1 del Long Desert Desert Group, per gli attacchi aerei italiani durante il ritiro dall'Operazione Caravan, era tutto quello che rimase dei mezzi impiegati nell'attacco all'aeroporto di Barce[74].

Secondo l'inchiesta fatta quello stesso giorno 14 settembre dal Comandante del Settore Centrale della 5ª Squadra Aerea, colonnello Augusto Bacchiani, come le camionette britanniche entrarono nell'aeroporto distruggendo gli aerei con l'impiego di cartucce incendiarie, gli avieri di guardia, armati solo di moschetto, si rifugiarono nelle trincee situate a breve distanza dai velivoli; e vi restarono quasi inerti, fin quando i mezzi nemici, dopo aver scorrazzato per il campo di volo, non si furono allontanati, quasi indisturbati, ripercorrendo la stessa strada percorsa nell'entrare, lasciandosi dietro le vivide fiamme della distruzione degli aerei.

Il colonnello Bacchiani sostenne che il nemico, prendendo alla sprovvista il personale dell'aeroporto che pur in allarme si trovava in uno stato di dormiveglia, aveva effettuato l'azione proprio dal lato meno difeso e privo di ostruzioni difensive, in cui l'attacco non era atteso; e *"contro tutte le previsioni si servì dell'ingresso comune a tutti gli automezzi per entrare nel campo[75]"*.

Nella relazione di Bocchiani è descritto, come segue, in modo particolare quelle che erano le principali lacune difensive dell'aeroporto e dei suoi elementi[76]: *Certo che l'organizzazione difensiva nel suo complesso, così com'era costituita, anche con carri armati – non poteva – dare la garanzia sicura di successo contro mezzi tanto potentemente armati, ma una migliore difesa ci poteva essere. Gli stessi carri armati, sia pur dislocati lontano, non sono entrati nella lotta – mentre erano gli unici che potavano affrontare le camionette.*

La manovra ardita e fulminea degli inglesi ha sbalordito tutti. La colpa di questa inazione può essere attribuita senza sbagliare a Capi e gregari. [...]

Primi responsabili dell'infiltrazione degli inglesi nell'aeroporto sono i difensori di Barce che hanno permesso che le camionette percorrendo la strada ordinaria "Gebelica Sud", entrassero sulla via Balbia. [...] Che a tutti sia mancato l'ardire e l'ardore di affrontare i mezzi nemici è vero, ma è anche vero che nessuno del personale dell'Aeronautica era dotato di mezzi idonei per fronteggiare un nemico così agguerrito.

Il Comandante della 5ª Squadra Aerea, generale Vittorio Marchesi, condividendo le proposte di punizione avanzate dal colonnello Bocchiani, autorizzò a punire il comandante dell'aeroporto, capitano Beccara, e il capitano d'ispezione con dieci giorni di arresti, con la motivazione per il primo di essere stato assente nella notte dal campo nonostante l'allarme in corso, e per il secondo per essersi trincerato al primo allarme, nella palazzina Comando senza disporre i necessari sbarramenti difensivi[77].

---

[74] National Archives, ADM 223/565, cifrato 1450/19th G.M.T. September.
[75] Comando 5ª Squadra Aerea, *Relazione sull'incursione di camionette inglesi entro l'aeroporto di Barce la notte dal 13 al 14 settembre*, del 23 settembre 1942, Protocollo n, 3439/OP.8.
[76] *Ibidem*.
[77] ASMAUS, Comando della Piazza di Bengasi, *Informazioni sulle azioni inglesi nella Cirenaica occidentale*, Prot. N. 01/5494 del 20 settembre 1942.

▲ Una bella immagine di un carro Fiat L 3 catturato dai britannici in Nord Africa.

▼ La camionetta Chevrolet "Te Anau II" della pattuglia T1 del Long Desert Desert Group durante il ritiro dall'Operazione Caravan. Era tutto quello che rimase dei suoi mezzi impiegati nell'attacco all'aeroporto di Barce per gli attacchi aerei italiani. Per dare un'idea di quanto il veicolo fosse stato efficace nell'attacco agli aerei italiani osservare l'armamento comprendente due mitragliatrici binate Browning da 12,7 mm.

IL FALLIMENTO DELLE OPERAZIONI "BIGAMY" E "NICETY" PER ATTACCARE IL PORTO E GLI AEROPORTI DI BENGASI E CONQUISTARE L'OASI DI GIALO

Dopo il successo a Barce dell'operazione "Caravan", fallì invece la contemporanea operazione Bigamy, il tentativo britannico per penetrare a Bengasi. Questa operazione, denominata "Snowdrop", coordinata con un attacco di bombardieri B24 statunitensi, era stata affidata alla Forza X, costituita da circa duecento soldati britannici dello Special Air Service (SAS), guidati da una pattuglia di LRDG (la S2 del capitano John Olivery), e comprendente una quarantina di Jeep ed altrettanti autocarri da 3 tonnellate, il tutto al comando del tenente colonnello Archibald David Stirling. Questa colonna di uomini e mezzi ruotati, la cui avanguardia partì dall'Oasi di Kufra il 6 settembre al comando del maggiore Paddy Mayne, avrebbe dovuto causare la distruzione degli impianti portuali e dei depositi logistici di Bengasi, e liberare i prigionieri britannici che si trovavano in un campo di concentramento[78]. Ma durante l'avvicinamento verso la periferia della città, i britannici, prima che potessero passare e procurare danni, furono scoperti nell'oscurità a un posto di blocco in prossimità del bivio di Soluch, e contenuti dagli italiani, con reazione immediata di mitragliatrici, di armi da 20 mm e di mortai che distrussero le prime due Jeep di testa.

▲ Due pattuglie del Long Range Desert Group s'incontrano nel deserto. Notare la quantità di equipaggiamento trasportato sui camion. L'immagine è dell'estate 1942.

---

78 Mario Montanari, *Le operazioni in Africa Settentrionale*, Volume II, El Alamein, Stato Maggiore dell'Esercito Ufficio Stoprico, Roma, 1989, p. 643.

Essendo fallita la sorpresa, e avendo saputo da un esploratore arabo che Bengasi era in allarme ed erano stati fatti affluire rinforzi e aumentata l'efficienza dei campi minati, il tenente colonnello Stirling prese la decisione di ritirarsi, lasciando sul terreno due morti e cinque automezzi distrutti. Nella penosa ritirata della Forza X, gli uomini e i mezzi si mantennero durante il giorno 14 celati al riparo delle rocce e per non farsi scoprire. Tuttavia, l'espediente non ebbe successo, poiché nelle giornate del 14, 15 e 16 settembre, nella marcia di ripiegamento verso sud, la colonna fu attaccata ad ondate successive dagli aerei italiani, e nell'opera di bombardamento e mitragliamento altri dieci automezzi furono immobilizzati, e andarono perdute una buona quantità di viveri e di munizioni, e infine anche l'ultima radio[79].

Parteciparono alle azioni aeree contro le camionette nelle zone di Bengasi e di Barce ben 133 velivoli (31 caccia Mc 200, 81 caccia Cr. 42, 7 bombardieri S 79, e 14 da combattimento Ca 311), con risultati considerati ottimi specialmente nella zona dell'uadi Belgarden, dove lo scoppio di camionette cariche di esplosivo mise fuori uso molti automezzi e causo un gran numero di morti e feriti. Due militari britannici feriti, presentatisi a Bengasi il giorno 15, dichiararono che il comandante la spedizione, che aveva ripiegato su Kufra (in realtà dirigeva su Gialo) con i pochi mezzi rimasti, li aveva inviati al Comando italiano per richiedere una colonna di soccorso per raccogliere i feriti. Quattro uomini, lasciati sul posto, furono raccolti da un'autoambulanza, ma poi decedettero in ospedale per le gravi ferite riportate[80].

Scrisse nella sua relazione il comandante del 50° Stormo Assalto, colonnello pilota Raffaello Colacicchi, che in una serie di attacchi aerei contro le camionette, realizzati con i Gruppi 46° e 47° rispettivamente dislocati con i loro pochi caccia Cr 42 sugli aeroporti di El Adem e K1, si riteneva che una quarantina di camionette fossero distrutte nella zona di Sidi Erahim – Uadi Bel GHerdam – Sidi Moies – zona Gerbes Ahidi, e il loro personale in parte ucciso o ferito, per opera dei mitragliamenti effettuati dai Cr.42. Essi agendo ripetutamente senza tregua, intervennero *"a catena in pattuglie di quattro velivoli che volavano in ala destra"*, e attaccarono ogni volta le camionette con due passaggi di mitragliamento con il sole alle spalle. In queste azioni, in cui violento si dimostrò il fuoco contraereo dei mezzi nemici, due Cr.42 del 47° Gruppo, che per essere più vicino all'Oasi di Gialo (che doveva servire di base al nemico per il ritorno dei nuclei di camionette che nei giorni precedenti avevano attaccato Barce e Bengasi), furono abbattuti, con la morte di un pilota, il sergente Ettore Mura, mentre l'altro pilota, maresciallo Adriano Tavernelli, lanciatosi con il paracadute fu fatto prigioniero dal commando. Molti caccia rientrarono alla base di partenza con fori di proiettili e in uno di essi fu ferito il sergente pilota Emilio Cieva[81].

Nel frattempo i superstiti della Forza X avevano raggiunto Kasansho, nella zona delle dune mobili del Gran Mare di Sabbia (tra Libia e Egitto), per poi proseguire verso nord. Congiuntasi il 19 settembre presso Gialo con la Sudan Defence Force (Forze Difesa del Sudan) che, come vedremo, stava attaccando l'oasi senza avere ragione della guarnigione italiana, le forze del tenente colonnello Stirling ricevettero abbastanza rifornimenti per ritornare, con i loro malconci automezzi, a Kufra dove i feriti furono trasferiti in Egitto con l'impiego di aerei da trasporto della RAF. Infine due uomini furono catturati dagli italiani in un accampamento arabo, raggiunto dopo aver percorso a piedi circa 150 miglia senza cibo. Complessivamente le forze di Stirling subirono la perdita di venticinque uomini fra morti e feriti[82].

Fu anche un fallimento il successivo attacco contro l'oasi di Gialo (operazione "Nicety"), in codice "Tulip", iniziato all'alba del 16 settembre dalla Forza Z comprendente, al comando del tenente colonnello Browne, un battaglione motorizzato delle Forze Difesa del Sudan, rinforzato da una batteria di obici

---

79 R.P. Livingstone, "Le grandi incursioni nel deserto", *Storia della seconda guerra mondiale*, vol. 3, Cit., p. 308.
80 Giuseppe Santoro, *L'Aeronautica italiana nella seconda guerra mondiale*, Volume Secondo, Cit., p. 327.
81 ASMAUS, Relazione del Comando del 150° Stormo Assalto.
82 Giuseppe Santoro, *L'Aeronautica italiana nella seconda guerra mondiale*, Volume Secondo, Cit., pp. 308-309.

▲ Ufficiali e soldati dell'LRDG si rifocillano durante una sosta.

▼ Il tenente colonnello Archibald David Stirling, comandante della Forza X, che fallì nel tentativo di entrare a Bengasi per sabotarne il porto. Le sue Jeep e camionette riportarono forti perdite durante la ritirata per l'attacco degli aerei italiani.

da 94 mm e da una compagnia di mitragliere contraeree da 20 mm catturate agli italiani, in tutto circa duecento uomini con centoventi veicoli, in parte protetti con blindatura, a cui si aggiunse una pattuglia del LRDG per guidare la marcia e fare da esplorazione. Lo scopo della "Nicety", iniziato l'11 settembre con partenza da Kufra, era quello di prendere Gialo, ultimo avamposto italiano nel Sud della Cirenaica, ai limiti del deserto, in cui esistevano un piccolo fortino, una caserma, alcuni edifici e una pista di atterraggio. L'occupazione di Gialo avrebbe dovuto realizzarsi per un periodo di tre settimane, utilizzando quale base logistica la Forza X.

Il presidio italiano, costituito da circa cinquecento uomini, con mitragliatrici e due batterie di cannoni da 77/28, che si trovava isolato a 1.400 chilometri da Bengasi e 650 chilometri a nord-ovest di Kufra, resistette validamente al tiro delle artiglierie e all'attacco della fanteria britannica fino al giorno 21, quando per l'avvicinamento di una colonna di rinforzi, che mosse da Agedabia alle ore 12:00 del 19 settembre, guidata dal generale Giovanni D'Antoni, comandante della Divisione Pistoia, la Forza Z ricevette dal Cairo l'ordine di ritirarsi[83]. Il movimento, che si svolse sotto gli attacchi dell'aviazione italiana e tedesca, aumentò il numero delle perdite britanniche in uomini e mezzi[84].

▲ Postazione di mitraglieri italiana media. L'arma è una Breda Mod. 37 da 8 mm, con affusto a tre piedi e con caricatore a piastra sul fianco sinistro da venti proiettili e raffreddamento ad aria. Era molto apprezzata dagli italiani per la precisione e distanza di tiro di ben 5.000 metri, ed era e assimilabile nelle prestazioni alla 8x57 IS tedesca.

---

[83] Il 17 settembre il generale Cavallero partì da Roma per la Cirenaica per seguire da vicino la situazione. Preoccupato per la situazione del presidio di Gialo, dopo averne discusso con il maresciallo Bastico e i generali Barbasetti e Marchesi, ordinò che fosse subito montata d'urgenza un'azione con un gruppo tattico di fanteria auto portata, con autoblindo, carri armati e artiglieria, con partenza dalle basi di Agedabia. Al generale D'Antoni raccomandò di far presto, e al generale Marchesi di non dar tregua al nemico con l'aviazione, anche spostando reparti dalla zona del fronte. Cfr., ASMEUS, *Diario Cavallero*.

[84] Agedabia distava 220 km a nord di Gialo, e la colonna che vi fu preparata, abbastanza forte ed equilibrata, era costituita dal Comando del 35° Reggimento fanteria Pistoia, su tre battaglioni, due gruppi di artiglieria e una batteria semovente; tre batterie di mitragliere da 20 mm, un plotone carri armati M/41, uno squadrone del Reggimento Monferrato su ventuno autoblindo; centotrentotto autocarri per il trasporto delle truppe di fanteria, quattro autoambulanze e quattro autobotti. Se la Forza Z non si fosse ritirata, accettando il combattimento, le perdite che avrebbe subito potevano portare al suo annientamento.

▲ Gli italiani al contrattacco. Fanti con la potente mitragliera Breda da 20 mm, e con l'ottima autoblindo AB 41.

▼ Carro armato italiano tipo M 41 ripreso a Tobruk. Un plotone di questi carri medi faceva parte della colonna inviata in soccorso dell'oasi di Gialo.

▲ Un caccia Cr.42. Trenta aerei di questo tipo versione assalto furono impiegati nella caccia alle camionette, ma a causa della forte reazione contraerea dei mezzi nemici tre Cr.42 non rientrarono dalle missioni.

▼ Operazione "Big Party" (13-21 Settembre 1942) (da: *Le Tre Battaglie di El Alamein* di Igino Gravina).

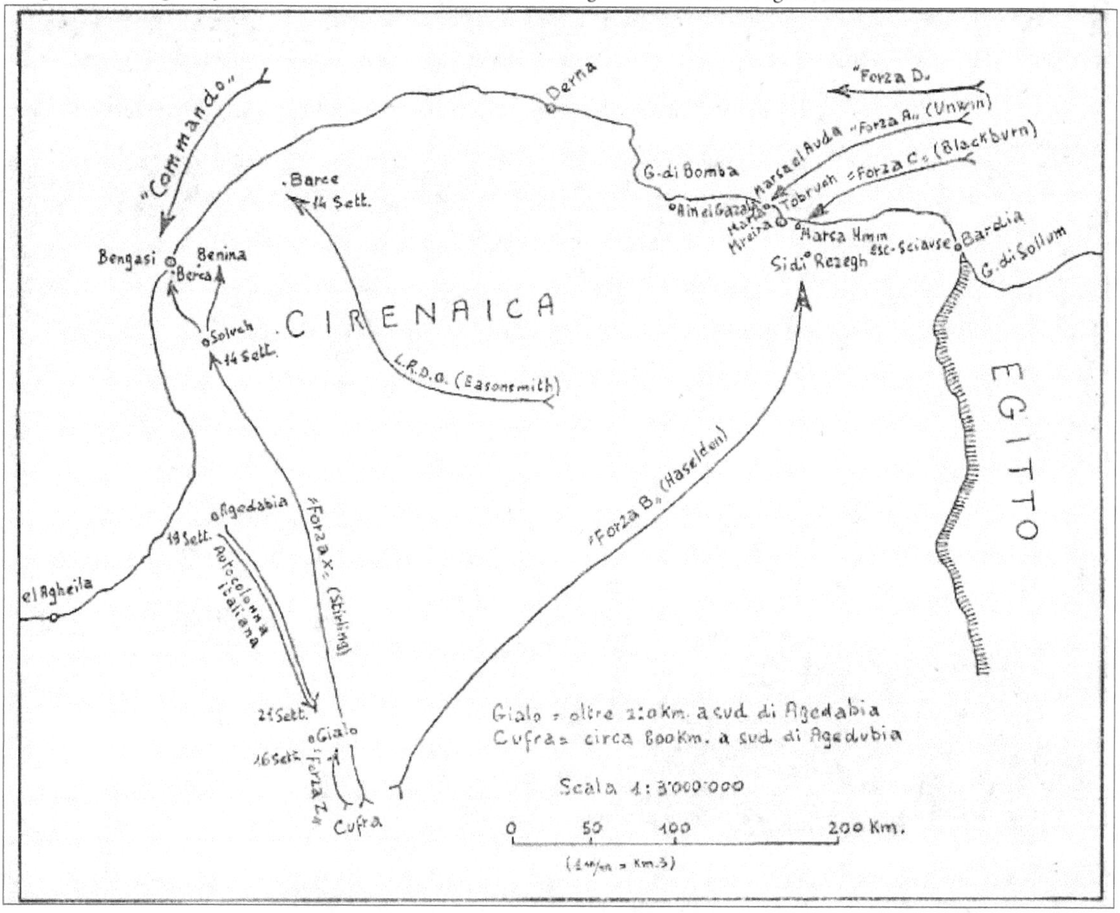

Avendo la stazione radiotelegrafica di Gialo comunicato subito che l'oasi era attaccato e circondato da una colonna nemica, il Comando del Settore Est della 5ª Squadra Aerea, che aveva disposto per l'alba del 16 settembre di svolgere ricognizioni offensive per continuare gli attacchi contro le camionette britanniche che avevano attaccato Bengasi e Barce, dispose (in seguito a richiesta avanzata dal maresciallo Cavallero al generale Marchesi) l'immediato intervento nella zona minacciata, spostando un gruppo di venticinque caccia Cr 42 (il 47° del 50° Stormo Assalto), armati con bombe alari, da Buerat sull'aeroporto di Agedabia.

L'intervento aereo si concretizzò, nel periodo dell'attacco britannico a Gialo, con l'impiego di centosedici velivoli, dei quali trentasei Cant Z 1007 bis, trenta Cr 42, ventitré S 79, dieci S 82, dodici Ca 311 e cinque "Ghibli", mentre il contemporaneo intervento della Luftwaffe vide impegnati sessantotto velivoli, dei quali, come risulta nei bollettini dell'OBS, parecchi ricognitori, cinque caccia bombardieri (Jabo) e quarantanove bombardieri Ju 88 degli stormi KG.54 e KG.77 del II Fliegerkorps dislocato in Sicilia e della squadriglia 12./LG.1 del Flierführer Afrika in Cirenaica[85]. Le perdite di velivoli italiani furono di un bombardiere Cant Z 1007 bis e di tre cacciabombardieri Cr 42, mentre quattro S 79 rientrarono alla base danneggiati e con feriti a bordo.

▲ L'arrivo in Cirenaica da Roma del maresciallo Ugo Cavallero con il suo aereo personale S.79 accolto all'aeroporto dal maresciallo Ettore Bastico, a destra, e dal generale Curio Barbasetti di Prun, a sinistra.

---

[85] Tra il 17 e il 20 settembre il II Fliegerkorps e il Flierführer Afrika impegnarono i loro bombardieri della Sicilia per attaccare le camionette e le truppe britanniche che tentavano di conquistare l'oasi di Gialo. Il 17 settembre, dopo che al mattino un ricognitore Do 217 aveva riscontrato leggero tRAFfico ad ovest di Gialo, intervennero otto Ju 88 della 12ª Squadriglia del 1° Stormo Sperimentale (12./LG.1), comandata dal capitano Heinrich Boecker, partita da Derna. La tattica fu ripetuta il giorno 18 con altri due ricognitori Do 217 e due Ju 88 che riscontrarono sempre leggero tRAFfico ad ovest e sudovest di Gialo, e quindi intervennero al mattino venticinque Ju 88 del KG.54, i cui equipaggi riferirono di aver bombardato e poi efficacemente mitragliato alcuni automezzi a 30 km a sud dell'Oasi Augila, osservando due incendi. Uno dei velivoli di una formazione di dodici Ju 88 del III./KG.54 (capitano Kurt Stein), appartenente alla 9ª Squadriglia con pilota il tenente Stadler, nell'atterrare a Catania si sfasciò al suolo, riportando danni dell'80%. Poi nel pomeriggio altri sette Ju 88 della 12./LG.1 attaccarono automezzi in un wadi a sudovest di Gialo. Le ultime azione si ebbero il 20 settembre e furono condotte dal Flierführer Afrka con un ricognitore Ju 88 seguito al mattino da cinque bombardieri Ju 88 della 12./LG.1 che attaccarono automezzi, uno dei quali fu visto colpito in pieno da una bomba, altri tre incendiati, e furono notati inoltre altri piccoli incendi. Seguì poi l'attacco ad ovest di Gialo di altri quattro Ju 88, sempre della Squadriglia 12./LG.1 che a giudizio degli equipaggi colpirono in pieno un automezzo e ne danneggiarono altri cinque.

Mentre l'aviazione dell'Asse teneva sotto continua offesa le forze britanniche, altri trentadue velivoli italiani (trentadue S 82 e un G 12) furono impiegati, nei giorni 18 e 19 settembre, per trasportare da Bu Amud e Derna un reggimento di soldati ad Agedabia, dove si stava costituendo la colonna di truppe e di mezzi destinate alla rioccupazione di Gialo. L'avvicinarsi della colonna, come detto, costrinse il nemico a sgombrare l'oasi, ritirandosi verso Kufra, sotto l'attacco degli aerei italiani e tedeschi.

Anche il maresciallo Rommel, non avendo notizie di quello che accadeva a Gialo, e temendo che la guarnigione fosse stata sopraffatta, aveva fatto muovere delle forze celeri mettendo in movimento le autoblindo della 3ª Unità da ricognizione dell'Afrika Korps e uno squadrone italiano di autoblindo AB 41 del reggimento Nizza Cavalleria, che non ebbero occasione di prendere contatto con il nemico già in fuga.

▲Autoblindo italiano AB 41.molto manovrabile in terreno accidentato e armato con un un cannoncino da 20 mm. Da Tank Encyclopedia.

L'OPERAZIONE "ANGLO": L'ATTACCO DEI SABOTATORI DELLO SPECIAL BOAT SECTION AGLI AEROPORTI DI RODI NELLA NOTTE DEL 13-14 SETTEMBRE 1942

Per distrarre l'attenzione degli italiani dall'operazione "Agreement" nel momento più delicato della sua attuazione, era stata pianificata, per la notte del 13-14 Settembre, un'operazione di sabotaggio contro gli aeroporti di Rodi, Marizza e Gadurrà, denominata "Anglo", intesa anche a menomare le possibilità offensive dell'Aviazione dell'Egeo, nelle specialità del bombardamento e aerosiluranti[86]. Parteciparono all'opera di sabotaggio dodici uomini tra britannici e greci. Il commando era partito il 31 agosto a bordo di due sommergibili salpati dalla base libanese di Beirut, il britannico Traveller (tenente di vascello Michael B. St. John), della 1ª Flottiglia, e il greco Papanikolis (capitano di fregata Athanasios Spanidis). La sera del 4 settembre gli uomini impiegati nell'operazione, lasciato i sommergibili, avevano raggiunto la costa orientale di Rodi, vicino a Capo Feralco, con una barca ripiegabile (folboat) e tre canotti, per poi nascondersi in alcune vicine caverne, e riposarsi durante il primo giorno. La squadra dei sabotatori comprendeva otto elementi britannici, della 1a Special Boat Section (SBD), comandati dal capitano James Allott e dal sottotenente David Sutherland, e da quattro greci, con il sottotenente Calambokidis, due dei quali Pavlos Moustakellis e Antonio Moustakellis, vestiti in borghese, fungevano da guide ed interpreti. Il nome del quarto uomo è sconosciuto.

Dopo giorni di attesa, con la copertura e l'ospitalità dei greci, trascorsi a scrutare con i binocoli la situazione nei due campi di volo, in modo da realizzare l'attacco con le maggiori informazioni possibili, i sabotatori si mossero in due pattuglie, da una posizione distante 13 chilometri da Gadurrà e 24 chilometri da Maritza. La prima pattuglia, diretta a Gadurrà, era comandata dal capitano Allott, la seconda, con obiettivo Maritza, dal sottotenente Sutherland. Non essendo forniti di radio per mantenere i contatti col loro Comando, le pattuglia avevano istruzione di ritornare sui sommergibili, usufruendo ancora dei natanti, che avevano nascosto, la notte del 17-18 settembre. La pattuglia del capitano Allott, approfittando della notte buia senza luna e il cielo nuvoloso, condizioni ideali per un colpo di mano, riuscì a superare il perimetro dell'aeroporto di Gadurrà, privo di filo spinato, eludendo una vigilanza armata assolutamente in sufficiente e, agendo per una mezz'ora indisturbata, riuscì a piazzare le cariche a tempo sotto gli aerei, per poi allontanarsi prima delle esplosioni, iniziate alle 01:00 e concluse in cinque minuti, dando origine a roghi di velivoli che poi furono completamente estinti dalle autobotti della base alle 02:30[87]. Il giorno seguente i sabotatori del capitano Allott stimarono che i danni che si potevano vedere nell'aeroporto portavano a credere che almeno venti aerei fossero stati distrutti. Valutazione alquanto ottimistica perché gli aerei sabotati furono sette e di essi andarono distrutti tre caccia G 50 del 154º Gruppo, due caccia Cr 42 della 396ª Squadriglia e due bombardieri Cant Z 1007 bis della 194ª Squadriglia del 90º Gruppo; altri due Cant Z 1007 bis, uno 194ª Squadriglia e l'altro della 193ª Squadriglia dell'87º Gruppo, riportarono danni, il primo gravi il secondo riparabili in Squadriglia.

---

86 Erano a disposizione dell'Aviazione dell'Egeo, sugli aeroporti di Rodi (Maritza, Gadurrà e Cattavia) circa 100 velivoli, che includevano circa: 30 bombardieri Cant Z 1007 bis del 30º Stormo (gruppi 87º e 90º); 15 aerosiluranti S79 del 104º Gruppo; 50 caccia Cr 42 e G 50 del 154º Gruppo; e velivoli Cr 42 della Sezione Intercettazione. Inoltre a Rodi e a Lero (la base della Marina dell'Egeo) si trovavano una ventina di idrovolanti Cant Z 501 e Cant Z 506 dell'Aviazione Ausiliaria della Marina (Ricognizione Marittima).

87 Erano presenti quella sera a Gadurrà circa centosessanta uomini, compresi cento soldati di fanteria e venti carabinieri, e di essi ne erano in servizio di guardia più di cinquanta, incluse trenta sentinelle, a difesa degli aerei e del perimetro dell'aeroporto. A Maritza vi erano circa settecento uomini, inclusi centoventidue soldati di fanteria e quindici carabinieri, e il servizio di guardia era svolto d almeno settanta uomini, la metà sentinelle.

▲ Il sommergibile greco Papanikolis.

▼ La "Falboat", la barca ripiegabile impiegata per lo sbarco a Rodi dagli operatori della 1a Special Boat Section.

Una sentinella, il fante Camillo Falone, del 9° Reggimento fanteria della Divisione Regina, armato con il fucile 91, avendo sentito dei rumori presso un caccia G 50 che stava sorvegliando, avrebbe potuto dare preventivamente l'allarme, sparando un colpo. Ma, vedendo in quella direzione un cagnolino bianco, attribuì il motore a quella presenza, e non si accorse dell'avvicinamento di due guastatori in tute mimetiche che, puntando la pistola, in italiano gli ordinarono di stare zitto altrimenti l'avrebbero ucciso. Svenne per la paura, e quando poté riprendersi e avvertire il suo comandante di plotone, sottotenente Onofri, che dette l'allarme, era ormai troppo tardi, le cariche sugli aerei stavano per cominciare ad esplodere[88].

La pattuglia del sottotenente Sutherland, raggiunto l'aeroporto di Maritza durante la notte dell'11-12 settembre, dopo aver osservato durante il giorno quale era la situazione e identificare gli obiettivi, nella notte del 13 mosse in due sezioni, la prima con Sutherland e il marines John Duggan, la seconda guidata dal sottotenente Colambolidis con altri due marines. Le due sezioni mossero sotto una pioggia torrenziale, ma nel dirigere verso gli aerei in parcheggio e un deposito di carburanti furono scoperti da una vigile sentinella che cominciò a sparare, costringendo i cinque sabotatori a fuggire. Le loro cariche, esplodendo distrussero un bombardiere Cant Z 1007 bis della 193ª Squadriglia e ne danneggiarono un secondo non gravemente, riparabile in squadriglia, portando i successi complessivi della missione a otto aerei italiani distrutti e tre danneggiati.

Sutherland e Duggan, sebbene ricercati da pattuglie di soldati italiani, riuscirono a raggiungere la spiaggia e a nascondersi. Quindi la notte del 17 settembre in cui il sommergibile Traveller del tenente di vascello St. John (che il giorno 5 aveva affondato a nord-ovest di Derna il piroscafo italiano Albachiara di 1.345 tsl) doveva raccogliere i sabotatori, ne attirarono l'attenzione con segnali luminosi emessi da una torchia, scambiando il segnale di riconoscimento, e con un canotto furono portati a bordo dell'unità subacquea. Il Traveller dovette poi immergersi sotto l'attacco, con lancio di bombe di profondità, di un Mas di sorveglianza italiano che lo aveva avvistato. Nessun altro sabotatore si presentò all'appuntamento col sommergibile, poiché gli altri dieci uomini dell'SBD furono catturati dagli italiani. Coloro che erano in divisa finirono in un campo di concentramento come prigionieri di guerra, mentre i due greci in borghese, essendo fuggiti da Rodi nel novembre 1941 e pertanto considerati oltretutto traditori, furono giudicati da un tribunale militare, che decretò la fucilazione per il più anziano e l'ergastolo per il più giovane.

▲ Caccia Fiat G 50 della 162ª Squadriglia del 161° Gruppo a Rodi. Tre di questi velivoli furono distrutti nell'attacco all'aeroporto di Gadurrà.

---

88 Ha scritto Luciano Alberghini Maltoni in Rodi Settembre 1942 sabotaggio agli aeroporti, It. Cultura.Storia.Militare, On-Line: "*I cinque uomini impiegarono tra 30 e 40 minuti per sabotare 9 aerei, percorsero indisturbati poco meno di 2 chilometri (andata e ritorno) nell'aerea aeroportuale presidiata da 7 sentinelle, passarono a meno di cento metri dalle tende dei militari del 1.° plotone e tutto ciò senza essere intercettati se non per sbaglio ma senza comunque subire alcun contrasto. Scomparvero nel nulla così come erano apparsi*".

Le severe perdite subite nell'impresa di Rodi, che si aggiungevano a quelle riportate dai vari reparti di assaltatori nell'operazione "Agreement", costrinsero il Comando del Medio Oriente a sciogliere l'IBS, che fu assorbito nello Special Air Service (SAS).

Sutherland e Duggan ricevettero rispettivamente la Military Cruise e la Military Medal. Sulla loro impresa, nel 1954 fu ricavato un film (They Who Dare – Loro che osano) con gli attori Dirk Bogarde, Harold Siddons e Akim Tamiroff.

Ancora una volta, in un clima di notevole allarme per l'incolumità degli aeroporti e di umiliazione psicologica degli italiani per quell'attacco, vi fu un'approfondita inchiesta aperta, dopo un sopralluogo agli aeroporti, dal Governatore e Comandante delle Forze Armate dell'Egeo, ammiraglio di squadra Inigo Campioni, per accertare a Rodi le responsabilità di quanti avrebbero dovuto assicurare l'incolumità dei campi di volo. Interrogati severamente ufficiali, avieri e soldati, avendo constatato che le responsabilità erano state comuni, e manifeste le carenze della difesa aeroportuale, come quella della scarsa vigilanza, fu provveduto soltanto a rimuovere dal comando della base di Gadurrà il maggiore Plinio Di Rollo, sostituito dal colonnello Achille Lorito[89].

Complessivamente le perdite della Regia Aeronautica a Barce e a Rodi per opera di sabotatori britannici assommarono nelle notti del 13 – 14 settembre a ventiquattro velivoli distrutti (e di questi dieci erano preziosi bombardieri Cant Z 1007 bis del 30° e 35° Stormo) e tre danneggiati. Se poi si aggiungevano i cinque aerei tedeschi perduti durante le operazioni contro le navi britanniche, e cinque italiani perduti nel deserto durante l'attacco alle camionette, il numero degli aerei dell'Asse distrutti saliva a ben trentaquattro; ossia una quantità di velivoli che potevano venire a mancare nel corso di una grande battaglia aeronavale.

▲ Rodi 1942, durante una cerimonia di consegna medaglie agli aviatori dell'Aeronautica. In primo piano il Governatore e Capo delle Forze Armate dell'Egeo (già Comandante della 1a Squadra Navale), ammiraglio di squadra Inigo Campioni, con alla sua sinistra il generale di divisione Ulisse Longo, Comandante dell'Aviazione dell'Egeo, e il vice governatore Igino Faralli.

---

89 ASMAUS, Difesa Aerea, A.R.P.; Archivio Centrale dello Stato, Ministero Aeronautica, Gabinetto; Wikipedia, Operazione Anglo, Luciano Alberghini Maltoni, Rodi Settembre 1942 sabotaggio agli aeroporti, It. Cultura.Storia.Militare, On-Line.

LE CONSIDERAZIONI DI SUPERMARINA

Si concluse in tal modo l'Agreement, un'operazione che, come disse il generale Alexander, *"fu un vero fallimento"*. Per avere buon esito essa avrebbe dovuto essere preparata più accuratamente ed effettuata con maggiore spiegamento di forze, come fu messo in rilievo nella citata inedita relazione di Supermarina, compilata sulla scorta del piano operativo britannico trovato il giorno 15 settembre dagli italiani su un mezzo da sbarco finito in costa.
Nelle "Osservazioni conclusive" di tale relazione era, infatti, riportato[90]:

1) *Il piano generale nemico era bene ideato e, qualora avesse avuto pieno successo, avrebbe effettivamente sconvolto tutta l'organizzazione logistica delle nostre retrovie, determinando una grave crisi in cui si sarebbe giovata l'8ª Armata nella sua offensiva.*

2) *Il piano nemico ha però completamente sottovalutato le entità e capacità della nostra difesa. Infatti, pur avendo ottenuto per tutte le azioni il vantaggio dell'assoluta sorpresa (ciò che il nemico avrebbe dovuto prudenzialmente ritenere come improbabile), è mancata la forza capace di sfruttare il successo iniziale.*

3) *Detta sottovalutazione è dimostrata anche dal fatto che il nemico aveva disposto il piano di ripiegamento soltanto per il caso di successo. La mancanza di un piano di ripiegamento in caso di insuccesso e di disposizioni in caso di resistenza della difesa, hanno provocato una crisi grave specialmente nell'operazione contro Tobruk.*

4) *Anche l'impiego della RAF non prevedeva il caso di insuccesso dello sbarco, così che nell'attacco contro Tobruk le azioni aeree sono interamente cessate alle 03:15, mentre la successiva ripresa delle azioni avrebbe potuto contribuire ad infrangere le resistenze ed a facilitare il ripiegamento.*

5) *Altro grave elemento di crisi per il nemico è stato l'errore nel punto di sbarco della Forza A, che ha fatto mancare l'investimento dell'abitato di Tobruk e delle batterie della penisola.*

6) *La sorpresa iniziale è stata determinata dal mancato avvistamento aereo delle Forze Navali A – C – D nei giorni precedenti all'azione; nonché, per quanto riguarda la Forza B, all'insufficiente vigilanza nel settore della difesa perimetrale terrestre di Tobruk.*

7) *Da notare infine la grande importanza che – come a Dieppe – il nemico attribuiva alla cattura di mezzi da sbarco dell'Asse.*

In effetti, a differenza di quanto pensavano i britannici, che nel predisporre i loro piani avevano sottovalutato le capacità di reazione della guarnigione di Tobruk, specialmente degli italiani ritenuti "combattenti di bassa forza" e anche "mediocri"[91], le forze dell'Asse, dopo la sorpresa iniziale che determinò un certo sbandamento di alcuni nuclei della difesa, avevano saputo reagire con prontezza, iniziativa e valore. Ne furono testimonianze le perdite riportate dai marine e dai guastatori britannici, che furono catturati nella quasi totalità prima che avessero potuto arrecare danni alle opere portuali della piazzaforte.

---

90 AUSMM, "Supermarina, Operazione nemica contro Tobruk e retrovie della Cirenaica, 14 Settembre 1942-XX", *Scontri navali e operazioni di guerra*, cartella. 91.
91 Francesco Mattesini, "L'operazione "Daffodil" nel piano "Agreement". Il fallito sbarco britannico a Tobruk del 14 settembre 1942", *Bollettino d'Archivio dell'Ufficio Storico della Marina Militare*, Marzo 2013. PDF.

▲ Superstiti del cacciatorpediniere Sikh recuperati da un'imbarcazione italiana.

▼ Una moto dragamine tedesca si avvicina alle banchine del porto di Tobruk con prigionieri britannici a bordo.

▲ Dai mezzi di soccorso, i prigionieri britannici sono sbarcati sulle banchine del porto di Tobruk.

▼ I prigionieri britannici tramite il trasporto di automezzi vengono allontanati dal porto di Tobruk.

Anche le perdite della Royal Navy furono assai elevate, dal momento che non rientrarono alle basi un incrociatore contraereo (Coventry), due grossi cacciatorpediniere di squadra (Sikh e Zulu), quattro motosiluranti (MTB 308, MTB 310, MTB 312, MTB 314) e due motolance (ML 352 e ML 353).

Con l'affondamento del Coventry, dello Zulu e delle due motosiluranti MTB 308 e MTB 310, i maggiori successi furono conseguiti dai reparti aerei tedeschi del X Fliegerkorps e del Fliegerführer Afrika, la cui attività si può riscontrare sui bollettini operativi dell'O.B.S.

Il X Fliegerkorps, cui è da accreditare, con gli Ju 88 dell'LG.1, l'affondamento dell'incrociatore Coventry e della motosilurante MTB 308, impiegò durante tutta la giornata novantotto Ju 88, dei quali settantacinque bombardieri e quattordici ricognitori, mentre il Fliegerführer Afrika, i cui Stuka affondarono il cacciatorpediniere Zulu e la motosilurante MTB 310, impiegò sedici bombardieri Ju 88, settantatré tuffatori Ju 87 e tredici cacciabombardieri Bf 109, mentre altri 103 caccia Bf 109 effettuarono scorte a velivoli e partenze su allarme.

Da parte italiana, assai bene si comportarono i caccia Mc 200 del 13° Gruppo Assalto, che colpirono con una bomba il cacciatorpediniere Sikh, distrussero la motosilurante MTB 312 e le due motolance ML 352 e ML 353, e dell'8° Gruppo Assalto che immobilizzarono una seconda motosilurante, la MTB 308, poi distrutta da un aereo tedesco del II./LG.1. Risultati che, come scrisse nella sua citata relazione il comandante del 13° Gruppo, maggiore Viale, furono *"conseguiti essenzialmente per il coraggio dei piloti che effettuarono il tiro nella massima totalità a bassissima quota, con grave rischio personale per le esplosioni ravvicinate delle bombe"*.

▲ Da sinistra, le motosiluranti MTB 313ª e MTB 260ª Malta. L'unità a destra è la MTB 77, che non partecipò all'operazione Agreement.

Infine il cacciatorpediniere Sikh fu indubbiamente affondato dagli sforzi congiunti delle batterie costiere italiane e tedesche, mentre la motosilurante MTB 314 fu catturata indenne dal motodragamine R 10 della Kriegsmarine. Tutto questo fu conseguito con la perdita di cinque aerei tedeschi, tre Ju 88 del II./LG.1, e due tuffatori Ju 87 del II./St.G. 3 entrati in collisione, e nessuna perdita italiana, mentre gli Alleati persero quattro bombardieri Wellington della RAF e quattro bombardieri B 25 statunitensi. Risultano poi danneggiati il cacciatorpediniere Croone e la motolancia ML 354, e con danni minori alcune motosiluranti. Quanto alle perdite umane si ebbero sulle navi, tra morti e dispersi 173 uomini, dei quali 64 sul Coventry, 38 sullo Zulu ; 22 sul Sikh (e 200 uomini catturati), il resto sulle motosiluranti e motolance.

Secondo il Diario del Comando Supremo in data 14 settembre 1942 vi sarebbero state a Tobruk le seguenti perdite italo tedesche: 54 morti e 29 feriti tra il personale della Regia Marina e del Battaglione San Marco, 16 morti (1 tedesco) e circa 50 feriti (7 tedeschi) tra i reparti terrestri.

Circa le perdite britanniche furono contati *"58 morti a terra e sui mezzi navali, oltre a numerosissimi in mare, e furono fatti 620 prigionieri, tra cui oltre 30 ufficiali[92]"*.

Occorre dire che nel fallimento britannico dell'attacco a Tobruk, dal momento dello sbarco fino alla ritirata britannica, i tedeschi si presero la maggior parte dei meriti. Ne fu primo portavoce il feldmaresciallo Kesselring che, scrivendo il 17 settembre al maresciallo Ugo Cavallero, Capo di Stato Maggiore Generale delle Forze Armate italiane (Comando Supremo), sosteneva che "L'insuccesso di Tobruk era dovuto in prima linea all'azione veramente superiore del 114° gruppo contraereo di riserva". In definitiva, con questa affermazione, Kesselring addebitava ai cannoni tedeschi i maggiori meriti per la difesa della piazza, nonché evidentemente per l'affondamento del cacciatorpediniere Sikh e il danneggiamento del gemello Zulu, come i tedeschi hanno sempre sostenuto trovando stimatori tra gli storici e ricercatori britannici.

▲ La perdita dell'incrociatore contraereo Coventry fu per la Royal Navy la più dolorosa, anche perché privava la Mediterranean Fleet di una nave che aveva fornito fino ad allora un notevole contributo nella protezione dei convogli e formazioni navali. Ma era da rimpiangere anche la perdita dei due grossi cacciatorpediniere di squadra Sikh e Zulu.

---

92 Cfr., ASMEUS, Comando Supremo, Sintesi delle operazioni svoltesi in Cirenaica nella notte dal 13 al 14–9–1942-XX, prot. n. 12316 del 18 ottobre 1942.

▲ Inedite fotografie della catturata motosilurante britannica MBT 314 ripresa nel porto di Tobruk.

Questa lettera, in cui si riportavano previsioni e giudizi sulla situazione del traffico navale e di quella terrestre sul fronte di El Alamein, e il modo migliore per rendere sicure le retrovie, fu fatta leggere a Benito Mussolini, al quale il generale Cavallero aveva detto che quella del nemico era *"stata una piccola Dieppe"* (riferimento alle perdite subite nello sbarco britannico del 20 agosto 1942) e poi inviata in copia al maresciallo Ettore Bastico, Comandante delle Forze Armate dell'Africa Settentrionale, da cui anche il feldmaresciallo Rommel dipendeva. Nella risposta al feldmaresciallo Kesselring, riguardo all'episodio di Tobruk Cavallero, probabilmente rimasto perplesso, non fece alcun commento, eludendolo.

Sulla scorta delle informazioni ricevute dai Comandi di Tobruk e dell'Africa Settentrionale, quello stesso giorno 14 settembre Cavallero aveva fatto preparare, e dettato per telefono al Duce per la sua approvazione, un bollettino di guerra, in cui metteva in risalto, nel fallimento nemico, il determinante contributo delle armi italiane e tedesche.

▲ A sinistra, l'ammiraglio Giuseppe Lombardi, che organizzò il contrattacco contro lo sbarco dei Commando. Per questa vittoria, Lombardi fu insignito con la croce di cavaliere dell'Ordine Militare di Savoia. A destra il tenente di vascello Giacomo Colotto che guidò all'attacco e alla cattura dei Commandos la Compagnia Comando del Reggimento San Marco, circa 120 uomini.

▲ Libia, estate 1942. Da sinistra, il feldmaresciallo Erwin Rommel, Comandante della'Armata Corazzata Afrika, il feldmaresciallo Albert Kesselring, Comandante Superiore del Sud (OBS) e l'ammiraglio di divisione Eberhard Weichold, Comandante della Marina Germanica in Italia.

▼ Libia, 28 luglio 1942. Il maresciallo Ugo Cavallero conversa con il feldmaresciallo Kesselring. Erano le due principali personalità militari che guidavano le sorti della guerra dell'Asse nel Mediterraneo e in Nord Africa.

CONCLUSIONI

Nonostante gli insuccessi nel campo tattico, l'operazione "Agreement" non fu per i britannici del tutto inutile. Essa, infatti, sebbene avesse fallito il principale scopo di menomare il porto di Tobruk, nel quale continuarono ad approdare, ad iniziare dal 15 settembre, i convogli con rifornimenti provenienti dall'Italia e dalla Grecia, ottenne il desiderato risultato di sottrarre truppe dal fronte di El Alamein per proteggere le retrovie; e ciò avvenne nel momento in cui l'8ª Armata del generale Montgomery stava preparando la controffensiva che l'avrebbe portata, con una spallata micidiale, alla riconquista dell'Egitto occidentale e ad una inarrestabile avanzata in Libia e in Tunisia. Dopo Alamein, e lo sbarco degli anglo-americani nel Nord Africa Francese dell'8 novembre 1942, la lunga campagna d'Africa si concluse in poco più di sei mesi.

Alle ore 11:10 del 14 settembre, nel comunicare al Comando Supremo italiano il fallimento dell'operazione nemica contro Tobruk, il Comando Superiore dell'Armata Corazzata Africa (feldmaresciallo Rommel), prevedendo *"il ripetersi di simili tentativi di sbarco, per opporsi agli stessi una difesa unitaria"*, proponeva, *"che tutte le truppe italiane nella zona di Tobruk e ad est della stessa"*, che erano agli ordini del maresciallo Ettore Bastico quale Comandante in Capo dell'Africa Settentrionale, passassero alle proprie dipendenze, e in definitiva del feldmaresciallo Rommel.

Questa proposta, com'era giusto, non trovò concorde il maresciallo Ugo Cavallero, Capo dello Stato Maggiore Generale delle Forze Armate italiane. Telegrafando a Tobruk alla Delegazione Africa Settentrionale (Delase), a cui competeva l'organizzazione logistica sbarchi e movimenti dietro le linee del fronte, propose di discutere la questione con gli alleati tedeschi. Cavallero metteva però come punto fermo il fatto che la direzione della difesa dei porti e del settore costiero della Cirenaica doveva rimanere al Comando italiano in Libia (Superlibia), e pertanto di competenza del maresciallo Bastico[93]. In effetti la difesa della Cirenaica restò affidata alle forze italiane, mentre da parte tedesca fu dislocato a Sollum un battaglione di truppa. Inoltre la Divisione di fanteria italiana Pavia, agli ordini di Rommel ma di scarsa efficienza bellica, andò ad assumere per alcuni giorni la difesa di Marsa Matruh, mentre la 90ª Divisione motorizzata germanica, trattenuta ad El Daba dopo la conclusione della Battaglia di Halam el Alfa, fu anch'essa temporaneamente *"impiegata per la difesa contro eventuali sbarchi*[94]*"*.

In una relazione del 18 ottobre 1942, presentata al maresciallo Cavallero dal Capo dell'Ufficio Operazioni del Comando Supremo, generale Antonio Gandin, all'oggetto "Conclusioni" era riportato testualmente[95]: *Intendimento del nemico era quello di distruggere le basi di rifornimento delle nostre truppe operanti contro l'8ª armata inglese. A tale scopo aveva preparato varie operazioni combinate ("Agreement" "Bigamy" "Nicety" – di cui la più importante era la prima contro Tobruk – con forze terrestri, navali ed aeree partenti dalle basi navali di Kaifa ed Alerssandria e dall'Oasi di Kufra. La preparazione deve essere stata lunga e minuziosa; erano stati studiati a fondo tutti i particolari, si erano previste le varie situazioni che avrebbero potuto presentarsi; negli ordini di operazione erano date le disposizioni per il comportamento in ogni momento. Tutte le operazioni, però, sono completamente fallite, fin dal loro inizio.*

Le forze italiane terrestri, navali ed aeree, da sole ed in armonica cooperazione sono riuscite a contenere, battere e respingere l'avversario causandogli gravi perdite navali e terrestri. Forze tedesche di una certa entità hanno potuto essere innestate nell'azione soltanto dopo le ore 5:30. La Flak [contraerea] è intervenuta efficacemente contro gli obiettivi navali. Le nostre truppe si sono comportate tutte valorosamente, resistendo in posto, intervenendo prontamente, contrattaccando. Vivissimo lo spirito di collaborazione, specie fra le due Forze Armate – Marina

---

93 ASMEUS, Allegato n. 89 al "Diario Cavallero", cartella 1349.
94 Harold. Alexander, *"The African Campaign from El Alamein to Tunis, from 10ᵗʰ August 1942 to 13h May 1943"*, Supplement to the London Gazette del 13 febbraio 1948.
95 AUSMM, "Comando Settore Aeronautico Centrale, Incursione nemica sull'aeroporto di Barce", *Scontri navali e operazioni di guerra*, cartella 91.

ed Esercito – alle quali incombette l'onore e l'onere della lotta durante la notte. La manovra di pochi uomini e delle artiglierie, razionalmente condotta, ha permesso di conseguire i massimi risultati. Ottima l'azione del Comandante interinale del settore e di coordinamento del Comandante la Piazza di Tobruk. L'azione costituisce una brillante vittoria italiana.

Il Comandante della Marina Germanica in Italia, ammiraglio di divisione Eberhard Weichold, scrivendo nell'immediato dopoguerra per incarico dell'Ammiragliato britannico, ritenne che il piano della "Agreement" "fu ben progettato, studiando accuratamente ogni particolare"; ma, fortunatamente per le forze dell'Asse, lo scopo dell'operazione, che avrebbe potuto portare ad un irreparabile danneggiamento dell'allora maggiore porto di rifornimento della Cirenaica, falli perché *"lo sbarco del principale reparto avvenne in località errata. Per conseguenza il gruppo d'assalto nord non poté cominciare l'attacco in giusta sincronia con il gruppo sud, che aveva avanzato attraverso il deserto, e fu così possibile eliminarlo prima che giungesse al recinto del porto[96]"*.

Invece nel suo giudizio sulla pianificazione e condotta dell'operazione britannica il generale Giuseppe Mancinelli ha scritto[97]: *Di queste ardite incursioni dei reparti autonomi, non si sa se si debba più ammirare l'indiscutibile valore e la destrezza degli esecutori o la puerile ingenuità della macchinosa concezione dell'impresa. Migliaia di chilometri attraverso il deserto centinaia di uomini impegnati, aerei, navi convergenti con perfetto sincronismo sugli obiettivi col solo risultato di distruggere qualche aeroplano [sic] a Barce, al prezzo di numerosi morti, centinaia di prigionieri, tre navi e numerosi bastimenti minori affondati. Il piano di azione principale su Tobruk, in particolare, sembra uscito piuttosto dal cervello di uno scrittore di romanzi gialli che dall'ufficio operazioni di qualsiasi stato maggiore.*

▲ 15 settembre 1942. Il feldmaresciallo Rommel si recò in aereo a Tobruk per congratularsi personalmente esprimendo alle truppe tedesche *"la sua riconoscenza per la buona condotta difensiva sulla costa"*. Nell'immagine elogia i pionieri del 5/B.B. 85, ai quali, sottovalutando quello che era stato il comportamento degli italiani, si accreditava il merito di aver fatto fallire lo sbarco delle truppe britanniche, mentre invece erano arrivati nella zona quando lo sbarco era già fallito, alle 05:30 del mattino del 14 settembre.

---

96 Eberhard Weichold, *La guerra in Mediterraneo*, USMM, tradotto dall'inglese da Maristat, II Reparto.
97 Annotazione del generale Giuseppe Mancinelli all'articolo di R.P. Livinstone, "Le grandi incursioni nel deserto", *Storia della seconda guerra mondiale*, Volume 3, Milano, Rizzoli-Purnell, 1967, p. 311.

▲ Soldati tedeschi della Compagnia Pionieri 5/B.B.85 in posa sulla costa in cui nei rastrellamenti avevano fatto prigionieri alcuni superstiti dello sbarco notturno.

Il costoso fallimento dell'operazione "Agreement", di cui coloro che vi avevano preso *"parte non avevano nulla di cui vergognarsi"*, e che venne addebitata a *"una cattiva pianificazione e da misure di sicurezza ancora più inefficaci"*, fece sorgere a Londra serie apprensioni per la prossima operazione "Torch", lo sbarco del Nord Africa Francese fissato ai primi di novembre; ed anche malumori per la perdita di un incrociatore, di due grossi cacciatorpediniere e di parecchi soldati addestrati ad operazioni anfibie e di commando[98]. Quando il rapporto di questo fallimento raggiunse il Primo Ministro Winston Churchill, questi essendo *"noto per la sua proverbiale ammirazione verso intenzioni offensive, fu gravemente disturbato*[99]*"*. Ma, soprattutto il fallimento, e le perdite che ne comportarono, impressionò talmente i comandi britannici del Medio Oriente che, come ha scritto il generale Alexander nella sua relazione, *"Contro le linee di rifornimento nemiche non furono più tentate azioni via terra di alcun genere ad eccezione di alcune operazioni di sabotaggio effettuate dai Long Range Desert Group contro la ferrovia del deserto*[100]*"*.

Nello stesso tempo però, come detto, la vasta azione britannica non fu del tutto inutile; perché come ha scritto il generale Mancinelli, a commento finale dell'articolo di Livingstone, facendo un'onesta analisi (del tutto condivisibili per l'effetto psicologico che ebbe soprattutto nei marescialli Cavallero e Bastico che temevano il ripetersi di un'azione simile a quella fallita), arrivò alle seguenti conclusioni: *"L'operazione comunque destò un vigoroso allarme nella zona delle retrovie ed ebbe indubbiamente l'effetto di dare maggiore evidenza alla necessità di vigilare lungo la lunghissima linea di rifornimento, da Bengasi al fronte, e a rinforzare i presidi nei porti e nei campi di aviazione*[101]*"*.

Francesco Mattesini

▲ Soldati italiani protagonisti della difesa di Tobruk e del fallito sbarco britannico sono passati in rassegna dal maresciallo Cavallero e dal feldmaresciallo Rommel.

---

98 Secondo i britannici la Royal Navy perse in vite umane nel corso dell'operazione "Agreement" 190 uomini, dei quali 64 con Coventry, 17 con Sikh, 12 con Zulu, 1 con MTB 260, 11 con MBT 308, 1° con MBT 310, 1 con ML 349, 2 con ML 352, 72 dell'11° Reggimento Royal Marines.
99 Stephen Roskill, *The War at Sea 1939-1945*, vol. II, The period of balance, London, HMSO, 1956, p. 310.
100 Harold. Alexander, *"The African Campaign from El Alamein to Tunis, from 10th August 1942 to 13th May 1943"*, Supplement to the London Gazette del 13 febbraio 1948.
101 R.P. Livinstone, *"Le grandi incursioni nel deserto"*, cit., p. 311.

DELLO STESSO AUTORE

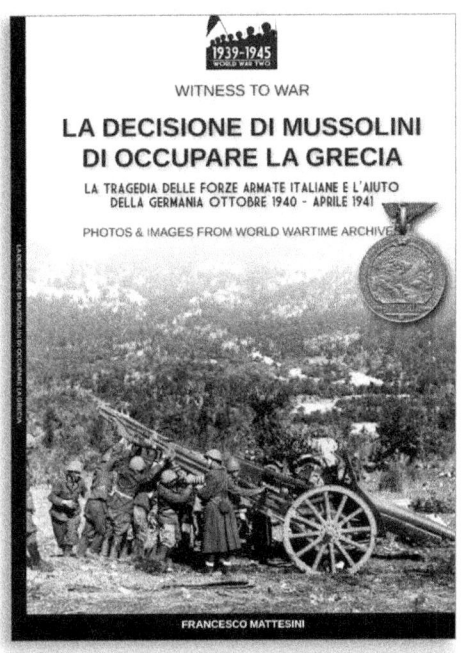

www.ingramcontent.com/pod-product-compliance
Lightning Source LLC
LaVergne TN
LVHW081543070526
838199LV00057B/3761